IMKE WANGERIN

STRESSFREI

Mein Übungsbuch
für mehr
Gelassenheit & Entspannung

» Kein Mensch kann sich ohne sein
Einverständnis wohlfühlen. «
Mark Twain

INTENSITÄTSGRADE DER ÜBUNGEN

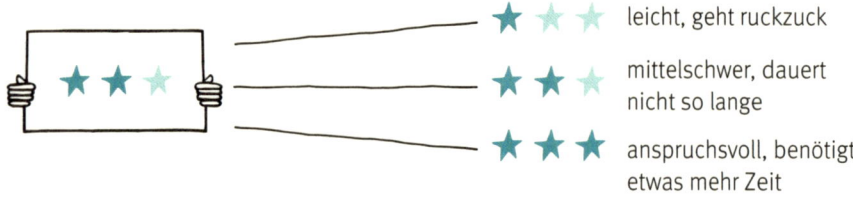

★ ★ ★   leicht, geht ruckzuck

★ ★ ★   mittelschwer, dauert nicht so lange

★ ★ ★   anspruchsvoll, benötigt etwas mehr Zeit

Du hast es in der Hand!

BEVOR ES LOSGEHT

Stress gehört zum Leben. Er ist ein uralter Überlebens-
mechanismus, der uns dabei hilft, blitzschnell zu reagieren,
wenn es darauf ankommt.

So bedrohlichen Situationen wie unsere Vorfahren sind die meisten von uns
aber nicht mehr ausgesetzt, schon gar nicht dauernd. Trotzdem leiden viele
Menschen unter zu viel und zu negativem Stress. Die gute Nachricht: Wie wir
mit Stress umgehen und ob er sich schädlich auswirkt oder nicht, das können
wir beeinflussen.
Dieses Buch bietet dir ein komplettes Training, sodass Stress dich leistungs-
fähiger und nicht krank macht und du gelassen die Wellen des Lebens reiten
kannst. Du findest auf den folgenden Seiten:

- kurze, effektive Methoden, um Stress abzubauen, die du überall und jederzeit
  anwenden kannst. Sie beruhigen das Nervensystem und haben auch keine
  unerwünschten Nebenwirkungen. Probiere einfach verschiedene aus und schaue,
  welche dir am besten gefallen.
- Übungen, um eine konkrete Stresssituation aufzulösen, sowie Anregungen, um
  deine eigenen Strategien für die Zukunft zu entwickeln.
- Fragebögen und Reflektionen, die dir helfen, deine Stressmuster zu erkennen und
  zu durchbrechen und so in brenzligen Situationen schneller gegenzusteuern oder
  Stress gar nicht erst aufkommen zu lassen.

Dies ist dein Übungsbuch: Du kannst dir die Übungen herauspicken, die
dich gerade anlachen, fröhlich auf den Seiten herumkritzeln und vor- und
zurückspringen, wie es dir beliebt.

Viel Spaß dabei! Und: Lass dich nicht stressen!

QUICKFINDER

BESTANDSAUFNAHME: DAS STRESST MICH

Sieh dir die einzelnen Bereiche deines Lebens an. Wie gestresst fühlst du dich
in welchem Bereich?
Mache auf jedem Strahl ein schwarzes Kreuz: ganz innen = gar nicht gestresst,
ganz außen = sehr gestresst.
Mit welchem Bereich möchtest du anfangen?

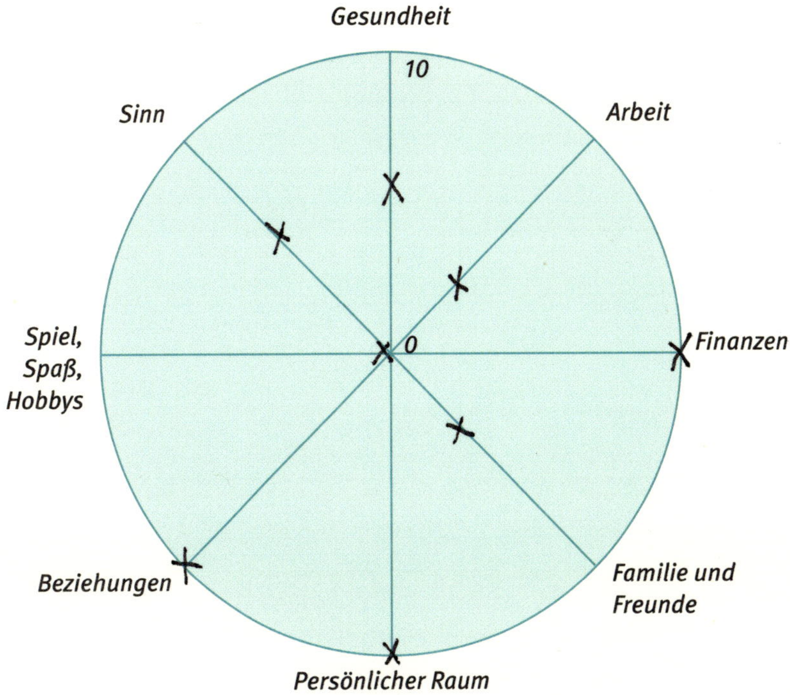

Gesundheit

10

Sinn

Arbeit

*Spiel,
Spaß,
Hobbys*

0

Finanzen

Beziehungen

*Familie und
Freunde*

Persönlicher Raum

 EINE KONKRETE STRESSSITUATION

Betrachte einmal, was da genau passiert:

1. Problematische Situation, Ort, Zeitpunkt:

2. Verhalten der anderen:

3. Meine Gedanken, Selbstgespräche:

4. Meine Gefühle:

5. Meine körperlichen Reaktionen:

6. Mein Verhalten:

7. Welche Stresslösetechnik ich nächstes Mal anwende (das kannst du auch später ausfüllen):

8. Wie ich mich nächstes Mal verhalten möchte (das kannst du auch später ausfüllen):

WO IM KÖRPER ZEIGT SICH STRESS BEI DIR?

Mache ein rotes Kreuz, wo sich Stress bei dir in schwierigen Situationen bemerkbar macht: Wo spürst du eine Veränderung? Bekommst du feuchte Hände? Stockt dir der Atem? Zieht sich der Bauch zusammen? Je schneller und besser du diese Veränderungen wahrnehmen kannst, desto besser kannst du überprüfen, ob du einer wirklichen Gefahr ausgesetzt bist. Und wenn nicht? Übe eine der im Quickfinder (Seite 4) aufgeführten Entspannungstechniken, um dein System wieder ins Lot zu bringen.

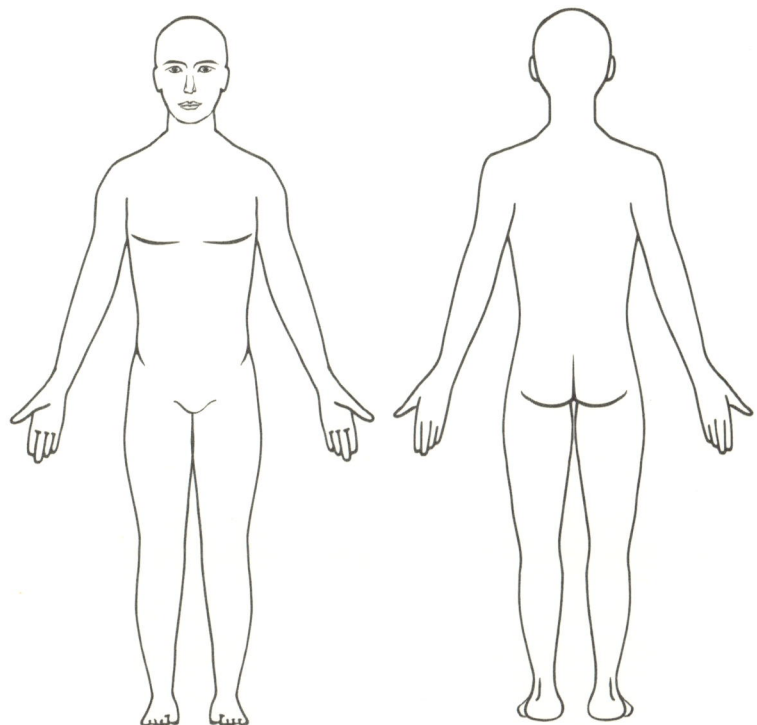

Die Reaktionen, die in unserem Körper ablaufen, wenn wir gestresst sind, ermöglichen uns, auf Unerwartetes und auf Herausforderungen zu reagieren. Wir brauchen Stress im Leben. Problematisch wird es, wenn der Stress nicht abgebaut wird. Dann kann er Beschwerden und Krankheiten hervorrufen.

▶ Hast du körperliche Symptome oder Beschwerden, die du auf Stress zurückführst? Damit wärst du nicht allein. Geschätzte 75 bis 90 Prozent aller Hausarztbesuche gehen auf stressinduzierte Beschwerden zurück.

7

DAMPF ABLASSEN

Wenn du aufgeregt bist (etwa vor einer Präsentation) oder sauer (in einem Konflikt), hilft es, wortwörtlich Dampf abzulassen. Du kannst die Technik gut im Auto machen, im Büro, auf dem Fahrrad oder im Freien. Probiere es mal aus, am besten zunächst an einem Ort, wo du ungestört bist. Du wirst merken, wie befreiend diese einfache Atemtechnik sein kann.

➤ Atme ein, so tief du kannst.

➤ Atme durch die Zähne aus mit »schhhhhhhhhh«.

➤ Wiederhole das drei- bis fünfmal.

SO FUNKTIONIERT DAS MIT DER ATMUNG

Stress und Ängste können zu einer Atemfrequenz führen, die eigentlich nur in Situationen erforderlich ist, in denen man sehr schnell geht oder läuft. Wir atmen dann kurz und abgehackt.

In dieser Übung machen wir das Gegenteil: Indem wir durch die Zähne ausatmen, aktivieren wir die Bauchmuskulatur dazu, das Zwerchfell förmlich hochzuschieben und damit den letzten Rest Luft aus der Lunge zu pressen. Dieses vollständige Ausatmen bewirkt, dass wir danach viel tiefer einatmen und so mehr frische Luft in die Lungen aufnehmen. Der Atem vertieft und verlangsamt sich. Das beruhigt die Nerven.

AH, DAS TELEFON KLINGELT

In Plum Village, einer von dem vietnamesischen Mönch Thich Nhat Hanh gegründeten Lebensgemeinschaft in Südfrankreich, haben sich alle Bewohner angewöhnt, beim Klingeln des Telefons erst dreimal tief ein- und auszuatmen. Vorher geht niemand ans Telefon. Sollte der Anrufer nicht so lange warten, ist das Anliegen vermutlich auch nicht so wichtig.
Probiere es doch mal aus oder bringe es am besten gleich dem ganzen Team oder der Familie zu Hause bei!

- Ah, das Telefon klingelt!
- Tief ein, tief aus.
- Tief ein, tief aus.
- Tief ein, tief aus.

Das Telefonklingeln ist für uns meistens ein Signal, aufzuspringen und alles liegen und stehen zu lassen, was wir gerade machen. Oft fühlen wir uns sogar unbewusst in der Pflicht, sofort zur Verfügung zu stehen.

Wie anders wäre es, wenn wir das Signal des Telefons, das erst mal nur ein Geräusch ist, als Einladung zur Entspannung nutzen könnten?!

Erst wenn wir dreimal ein- und ausgeatmet haben, entscheiden wir, ob wir rangehen oder eventuell später zurückrufen.

▶ Wie war deine erste Erfahrung damit? Was kam dir während der Atemzüge in den Sinn?

_____

_____

▶ Nach mehrmaligem Üben: Wie ist deine Erfahrung jetzt? Falls dir Gedanken während des Atmens kommen, welche sind das?

_____

_____

TEST: WER SIND DEINE INNEREN ANTREIBER?

Dieser Test stammt aus der Transaktionsanalyse. Damit kannst du herausfinden, welche inneren Antreiber dich in Stress versetzen. Wenn uns diese inneren Muster bewusst sind, können wir viel schneller gegensteuern.

Prüfe intuitiv, inwieweit die folgenden Aussagen auf dich zutreffen, und vergib jeweils eine Zahl zwischen 1 (= gar nicht) und 5 (= sehr). Schreibe die Zahl in den Kringel hinter der Aussage.

1. Wenn ich eine Arbeit mache, dann mache ich sie gründlich. ◯
2. Ich fühle mich verantwortlich, dass sich diejenigen, die mit mir zu tun haben, wohlfühlen. ◯
3. Ich bin ständig auf Trab. ◯
4. Wenn ich raste, roste ich. ◯
5. Anderen gegenüber zeige ich meine Schwächen nicht gern. ◯
6. Häufig gebrauche ich den Satz: »Es ist schwierig, das so genau zu sagen.«
7. Ich sage oft mehr, als eigentlich nötig wäre. ◯
8. Ich habe Mühe, Leute zu akzeptieren, die nicht genau sind. ◯
9. Es fällt mir schwer, Gefühle zu zeigen. ◯
10. »Nur nicht lockerlassen« ist meine Devise. ◯
11. Wenn ich eine Meinung äußere, begründe ich sie. ◯
12. Wenn ich einen Wunsch habe, erfülle ich ihn mir schnell. ◯
13. Ich liefere einen Bericht erst ab, wenn ich ihn mehrere Male überarbeitet habe. ◯
14. Leute, die herumtrödeln, regen mich auf. ◯
15. Es ist für mich wichtig, von anderen akzeptiert zu werden. ◯
16. Ich habe eher eine harte Schale, aber einen weichen Kern. ◯
17. Ich versuche oft herauszufinden, was andere von mir erwarten, um mich danach zu richten. ◯
18. Leute, die unbekümmert in den Tag hineinleben, kann ich nur schwer verstehen. ◯
19. Bei Diskussionen unterbreche ich die anderen oft. ◯
20. Ich löse meine Probleme selbst. ◯
21. Aufgaben erledige ich möglichst rasch. ◯
22. Im Umgang mit anderen bin ich auf Distanz bedacht. ◯
23. Ich sollte viele Aufgaben noch besser erledigen. ◯

24. Ich kümmere mich auch um nebensächliche Dinge persönlich. ◯
25. Erfolge fallen nicht vom Himmel, ich muss sie hart erarbeiten. ◯
26. Für dumme Fehler habe ich wenig Verständnis. ◯
27. Ich schätze es, wenn andere meine Fragen rasch und bündig beantworten. ◯
28. Es ist mir wichtig, von anderen zu erfahren, ob ich meine Sache gut gemacht habe. ◯
29. Wenn ich eine Aufgabe begonnen habe, führe ich sie auch zu Ende. ◯
30. Ich stelle meine Wünsche und Bedürfnisse zugunsten der Bedürfnisse anderer Personen zurück. ◯
31. Ich bin anderen gegenüber oft hart, um von ihnen nicht verletzt zu werden. ◯
32. Ich bin oft ungeduldig. ◯
33. Beim Erklären von Sachverhalten verwende ich gern die klare Aufzählung »Erstens …, zweitens …, drittens …« . ◯
34. Ich glaube, die meisten Dinge sind nicht so einfach, wie viele meinen. ◯
35. Es ist mir unangenehm, andere Leute zu kritisieren. ◯
36. Bei Diskussionen nicke ich häufig mit dem Kopf. ◯
37. Ich strenge mich an, um meine Ziele zu erreichen. ◯
38. Mein Gesichtsausdruck ist eher ernst. ◯
39. Ich bin nervös. ◯
40. So schnell kann mich nichts erschüttern. ◯
41. Meine Probleme gehen die anderen nichts an. ◯
42. Ich sage oft: »Tempo, Tempo, das muss rascher gehen!« ◯
43. Ich sage oft: »genau«, »exakt«, »logisch«, »klar« und Ähnliches. ◯
44. Ich sage oft: »Das verstehe ich nicht …« ◯
45. Ich sage gern: »Könnten Sie es nicht einmal versuchen?«, nicht gern: »Versuchen Sie's einmal.« ◯
46. Ich bin diplomatisch. ◯
47. Ich versuche, die an mich gestellten Erwartungen zu übertreffen. ◯
48. Ich mache manchmal zwei Tätigkeiten gleichzeitig. ◯
49. »Die Zähne zusammenbeißen« heißt meine Devise. ◯
50. Trotz enormer Anstrengungen will mir vieles einfach nicht gelingen. ◯

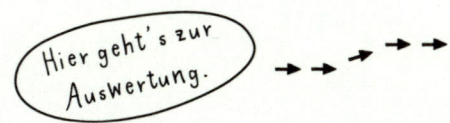

Hier geht's zur Auswertung. → → → → →

11

TESTAUSWERTUNG

Jede der 50 Fragen lässt sich einem der folgenden 5 »Antreiber« zuordnen. Um herauszufinden, welcher bei dir im Vordergrund steht, gehe folgendermaßen vor: Übertrage die Bewertungen von 1 bis 5, die du in die Kringel für jede Aussage eingetragen hast. Zähle die Bewertungszahlen anschließend für jeden Antreiber zusammen.

»Sei perfekt!«
Fragen: 1__ 8__ 11__ 13__ 23__ 24__ 33__ 38__ 43__ 47__ Gesamt: ___

»Mach schnell!«
Fragen: 3__ 12__ 14__ 19__ 21__ 27__ 32__ 39__ 42__ 48__ Gesamt: ___

»Streng dich an!«
Fragen: 4__ 6__ 10__ 18__ 25__ 29__ 34__ 37__ 44__ 50__ Gesamt: ___

»Mach es allen recht!«
Fragen: 2__ 7__ 15__ 17__ 28__ 30__ 35__ 36__ 45__ 46__ Gesamt: ___

»Sei stark!«
Fragen: 5__ 9__ 16__ 20__ 22__ 26__ 31__ 40__ 41__ 49__ Gesamt: ___

➤ bis 30 Punkte: Förderlich. Diese Einstellung bringt dich weiter.

➤ 31 bis 40 Punkte: Mögliche Leistungsbeeinträchtigung. Hm, das ist gar nicht so gut.

➤ 41 Punkte und mehr: Möglicherweise gesundheitsgefährdend. Vorsicht! Übernimm in Zukunft wieder die Oberhand.

➤ Näheres zum inneren Antreiber erfährst du auf den folgenden Seiten.

DEN INNEREN ANTREIBER BESÄNFTIGEN

Die inneren Antreiber, die du auf Seite 12 kennengelernt hast, haben auch gute Seiten. Nur wenn sie zu stark sind, engen sie uns in unserer Handlungsfreiheit ein. Um sie abzuschwächen, macht es Sinn, ihnen »Erlaubersätze« entgegenzustellen. Wie würde dein Erlaubersatz lauten?

Sei perfekt!
Positiver Aspekt: Gut organisiertes Planungstalent
Glaubenssatz: Ich muss alles noch besser machen, es ist nie gut genug.
Erlauber: Ich darf Fehler machen und aus ihnen lernen. Es können manchmal auch 90 Prozent genügen.

Mach schnell!
Positiver Aspekt: Die Fähigkeit, gut und schnell zu arbeiten
Glaubenssatz: Ich muss schnell sein, sonst werde ich nicht fertig.
Erlauber: Ich darf mir Zeit nehmen und auch Pausen machen. Manches dauert eben länger.

Streng dich an!
Positiver Aspekt: Beständigkeit, Ausdauer
Glaubenssätze: Ich muss mich immer anstrengen, egal wobei. Das Leben ist hart. Ohne Fleiß kein Preis.
Erlauber: Es darf auch mal leicht gehen. Ich muss mir schließlich nicht alles hart erarbeiten.

Mach es allen recht!
Positiver Aspekt: Einfühlungsvermögen, achtsames Verhalten anderen gegenüber
Glaubenssätze: Ich bin wertvoll, wenn alle mit mir zufrieden sind. Wenn ich nein sage, werde ich abgelehnt.
Erlauber: Ich darf meine Bedürfnisse und Standpunkte ernst nehmen. Ich bin okay, auch wenn jemand unzufrieden mit mir ist. Ich darf es auch mir recht machen.

Weiter geht's auf der nächsten Seite!

Sei stark!

Positiver Aspekt: Gutes Krisenmanagement

Glaubenssätze: Niemand darf merken, wenn ich schwach, empfindlich oder ratlos bin. Gefühle zeigt man nicht. Gefühle sind ein Zeichen von Schwäche und machen verletzbar.

Erlauber: Ich darf offen sein für Zuwendung. Ich darf mir Hilfe holen und sie annehmen. Gefühle zu zeigen ist erlaubt und ein Zeichen von Stärke.

▶ Dein Antreiber (= der Satz von Seite 12 mit der höchsten Punktzahl):

‒ ‒ ‒ ‒ ‒ ‒ ‒ ‒ ‒ ‒ ‒ ‒ ‒ ‒ ‒ ‒ ‒ ‒ ‒ ‒

▶ Schreibe dazu deinen eigenen Erlaubersatz auf einen Zettel und hänge ihn an einer gut sichtbaren Stelle auf:

‒ ‒ ‒ ‒ ‒ ‒ ‒ ‒ ‒ ‒ ‒ ‒ ‒ ‒ ‒ ‒ ‒ ‒ ‒ ‒

‒ ‒ ‒ ‒ ‒ ‒ ‒ ‒ ‒ ‒ ‒ ‒ ‒ ‒ ‒ ‒ ‒ ‒ ‒ ‒

Nice to know!

INNERE GEBOTE

Im Stress schaltet das Gehirn auf »automatisch«. Obwohl wir anders können, handeln wir dann oft nach Maximen, die sich in der Kindheit in unser Unterbewusstsein gebrannt haben – meist implizite oder explizite Forderungen unserer Eltern (»Sei stark!«). Sie nicht zu erfüllen hätte womöglich Liebesentzug zur Folge gehabt. Und weil wir unsere Eltern lieben, übernehmen wir deren Anforderungen unbewusst und machen sie zu unseren eigenen. Indem wir uns diese Antreiber bewusst machen, können wir gegensteuern.

DEN INNEREN ANTREIBER VERWANDELN

Die Aussagen der inneren Antreiber (siehe Seite 12) sind nicht in Stein gemeißelt. Hier kannst du mit deinem intensivsten inneren Antreiber arbeiten. Das hilft dir, in stressigen Situationen nicht in einen unbewussten Automatismus zu fallen, der dich noch mehr stresst.

Mein Hauptantreiber:

_____

Das sagt diese innere Stimme zu mir:

_____

_____

Nun schreibe drei Ausnahmen auf: In welchen Alltagssituationen hast du nicht im Sinne dieses Antreibers gehandelt?

1. _____

2. _____

3. _____

Formuliere deinen persönlichen Antreibersatz um, sodass er zu deinen Ausnahmen passt. Also nehmen wir an, du hast den Antreiber »Ich muss es allen recht machen«, so könnte er in abgewandelter Form heißen: »Ich richte mich nach anderen Menschen, wenn es mir gut damit geht.«

Neuer Satz:

_____

_____

Du willst dich selber beruhigen, möglichst schnell und ohne Nebenwirkungen? Probiere es mal mit dieser Klopftechnik, sie wirkt auf das Nervensystem und hilft den meisten Menschen sehr schnell, sich gelassener zu fühlen.

➤ Prüfe vorweg:
Wie gestresst bist du gerade auf einer Skala von 1 (gar nicht) bis 10 (sehr)?

➤ Und so geht es:

Klopfe mit den Fingerspitzen von Zeige- und Mittelfinger alle auf dem Bild ein-gezeichneten Punkte nacheinander rhythmisch ab. Für die Punkte, die doppelt (= zu beiden Seiten der Mittelachse des Körpers) vorhanden sind, nimmst du sowohl die rechte wie die linke Hand, für Punkte wie denjenigen unter der Nase nur eine Hand.

Sage dabei an jedem Punkt folgenden Satz, als Botschaft an das Unterbewusst-sein:

» Auch wenn ich gerade gestresst bin, liebe und akzeptiere ich mich so, wie ich bin. «

Wenn du den Satz gesagt und dabei einige Male geklopft hast, gehst du weiter zum nächsten Punkt. Die Reihenfolge ist nicht wichtig.

➤ Mache drei Runden.

➤ Prüfe danach:
Wie gestresst fühlst du dich jetzt auf einer Skala von 1 bis 10?

➤ Ist der Wert gesunken?

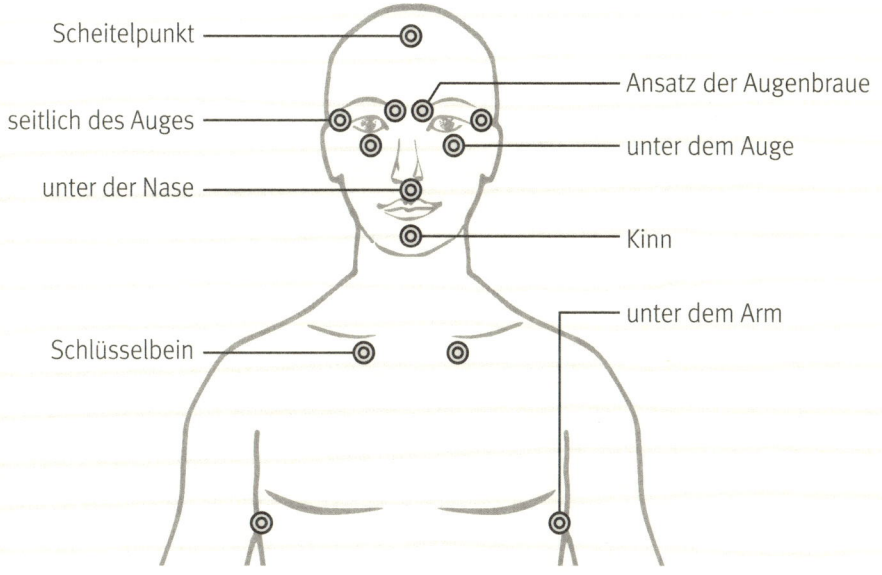

Scheitelpunkt

Ansatz der Augenbraue

seitlich des Auges

unter dem Auge

unter der Nase

Kinn

unter dem Arm

Schlüsselbein

Wenn du es ein paar Runden gemacht hast, kennst du die Punkte aus dem Effeff. Das fällt den meisten gestressten Menschen sehr viel leichter, als von eben auf jetzt still zu sitzen und sich auf den Atem zu konzentrieren. Wenn sich die Wirkung nicht gleich beim ersten Mal zeigt, bleib dran.

Nice to know!

ENERGIESTAU

Klingt mystisch? Die Methode heißt EFT (Emotional Freedom Techniques). Sie ist eine Zusammenführung aus Traditioneller Chinesischer Medizin (TCM), Psychologie und Kinesiologie. Dabei geht man davon aus, dass emotionaler Stress Blockaden im Energiesystem des Körpers verursacht. Durch das Beklopfen entscheidender Meridianpunkte – das sind die Energiebahnen, mit denen die TCM arbeitet – in Kombination mit einer akzeptierenden Botschaft an das Unterbewusstsein werden diese Blockaden aufgelöst.

 # WAS IST WIRKLICH WICHTIG?

Es gibt viel zu tun und du weißt gar nicht, wo du anfangen sollst?

Diese Übung hilft dir, wieder den Überblick zu gewinnen und durch eine sinnvolle Handlungsreihenfolge zurück in deine Tatkraft zu kommen. Das spart dir auf Dauer Zeit und Nerven.

Trage zehn Dinge, die gerade bei dir anstehen, in das nach dem amerikanischen Präsidenten Dwight D. Eisenhower benannte Diagramm ein, je nach Wichtigkeit und Dringlichkeit in einen der vier Quadranten.

Zum Beispiel: »Klienten anrufen zwecks Terminabstimmung für morgen« = wichtig und dringend, also rechts oben. »E-Mails beantworten« = nicht dringend, aber wichtig, also links oben. Los geht's!

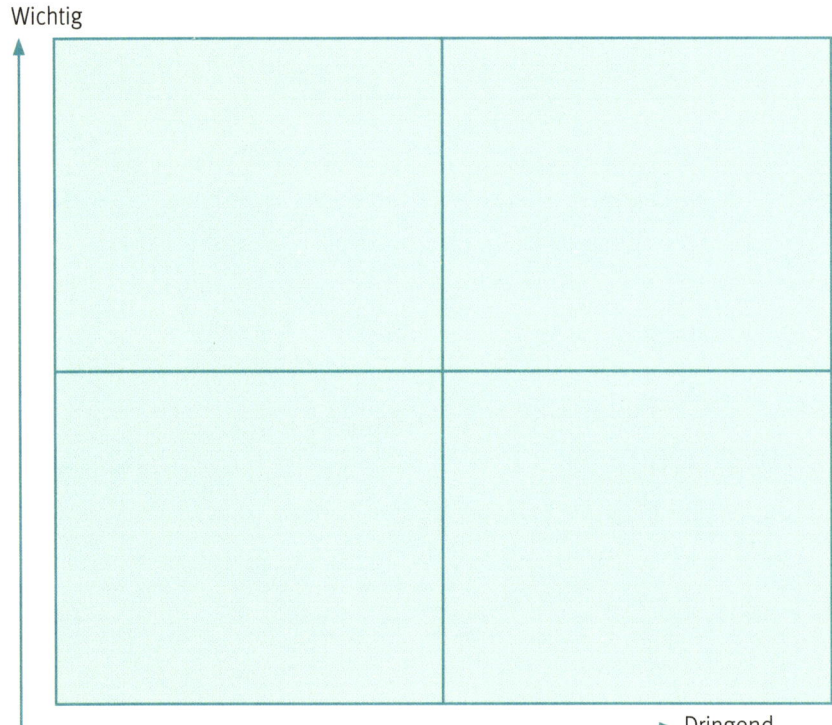

Jetzt heißt es: Prioritäten setzen. Notiere die Dinge nacheinander in der Reihenfolge der Wichtigkeit, also erst mal alles, was sich im rechten oberen Feld befindet. Was im unteren linken Feld steht, landet auf den letzten Plätzen.

1. _____

2. _____

3. _____

4. _____

5. _____

6. _____

7. _____

8. _____

9. _____

10. _____

Notiere als Nächstes, was du heute erledigen willst. Wenn es größere Projekte sind, schreibe auch dazu, wie viel Zeit du jedem Thema heute widmen willst.

_____ Dauer: _____

_____ Dauer: _____

_____ Dauer: _____

Diese Woche will ich diese Dinge erledigen:

_____ Dauer: _____

_____ Dauer: _____

_____ Dauer: _____

 # WECHSELATMUNG FÜR RUHIGE NERVEN

Mit dieser Atemtechnik kannst du dich sammeln, das Nervensystem in Einklang bringen und sogar deinen Bluthochdruck senken. Du kannst sie überall machen, brauchst nur dich selbst und ein paar Minuten Zeit. Du kannst die Übung auch abends vor dem Einschlafen machen.

- Nimm eine aufrechte und gleichzeitig entspannte Haltung ein.
- Klappe Zeige- und Mittelfinger deiner rechten Hand ein und schließe mit dem Daumen das rechte Nasenloch.
- Atme langsam, gleichmäßig und vollständig durch das linke Nasenloch ein.
- Schließe das linke Nasenloch. Löse den Daumen vom rechten Nasenflügel und atme durch das rechte Nasenloch aus.
- Atme wieder durch das rechte Nasenloch ein und dann durch das linke Nasenloch aus. Mache 10 Runden.

Nice to know!

DIE RICHTIGE SPRACHE

Unser Körper reagiert mitunter auf E-Mails, Worte oder Gedanken ähnlich wie auf Säbelzahntiger in grauer Vorzeit: mit Stress. Dieser Mechanismus ist auch heute noch wertvoll, unterscheidet aber nicht immer zwischen »echter« Bedrohung (Lebensgefahr) und »unechter« (Gespräch mit dem Chef). Der Körper reagiert auch nicht auf Sätze wie »Entspann dich doch mal«. Besser ist es, seine Sprache zu sprechen, und die ist körperlich oder bildlich, beispielsweise mit der Wechselatmung, einer klassischen Atemübung aus dem Yoga, deren ausgleichende Wirkung auf den Körper hinreichend erforscht wurde.

BEINE HOCH!

Wenn du dich erschöpft fühlst, weil du vielleicht den ganzen Tag herumgerannt bist, ist es sehr regenerierend, die Beine an einer Wand hochzulegen und fünf bis zehn Minuten einfach das Blut in die andere Richtung fließen zu lassen. Die Beine werden revitalisiert, der Rücken entlastet, das Herz und die Lungen erfrischt. Die Gedanken können zur Ruhe kommen. Du musst übrigens nicht unbedingt körperlich erschöpft sein. Auch um den Stress aus dem Kopf zu bekommen, eignet sich diese Übung.

Du kannst das sogar mit deinen Kindern machen: Zusammen die Beine hoch und ein Buch vorlesen. Danach sind alle entspannter!

- Lege ein Sofapolster oder eine gefaltete Decke etwa eine Handbreit entfernt vor eine Wand. Setze dich seitlich ans Ende auf das Polster, sodass deine eine Schulter die Wand berührt. Rolle dich auf den Rücken und bringe gleichzeitig die Beine hoch an die Wand. Am einfachsten geht das, wenn man sich zunächst auf den Unterarmen abstützt und dann das Gesäß nah zur Wand bringt.
- Der untere Rücken ist erhöht, das Steißbein fließt abwärts zwischen Polster und Wand.
- Die Beine müssen keinesfalls ausgestreckt sein. Denk dran, dass dies eine Entspannungsposition ist. Falls es also auf den Rückseiten der Beine sehr zieht, rutsche weiter von der Wand weg und winkle die Beine an.
- Bringe die Füße so weit auseinander, dass sie sich von allein halten, also ohne Muskelkraft.
- Lege die Arme zu den Seiten oder auf den Bauch.
- Lasse dich vom Polster und vom Boden tragen. Vergiss die Welt da draußen für ein paar Minuten.
- Atme ruhig und gleichmäßig.
- Um wieder rauszukommen, beuge einfach die Beine und rolle dich über die Seite ins Sitzen.

CHANGE IT, LEAVE IT, LOVE IT

Jeder kennt das: Man steckt in einer Situation, die einen stresst, und fühlt sich machtlos. Das kann die lange Schlange im Supermarkt sein, wenn wir es eilig haben, die bürokratischen Hürden im eigenen Betrieb oder das ewige Monologisieren des Kollegen, während man gerade ganz andere Sorgen hat.
Wir vergessen dann oft, dass wir eigentlich gar nicht machtlos sind. Denn selbst im allerhärtesten Fall haben wir immer die Entscheidungsfreiheit, wie wir mit dieser Situation umgehen wollen.

Uns eröffnen sich meist sogar drei Optionen:

1. die Situation verändern (change it) – etwa den Kassierer bitten, eine weitere Kasse aufzumachen, Initiative für mehr Bürokratieabbau ergreifen, den Kollegen unterbrechen ...

2. die Situation verlassen (leave it) – etwa zu einem anderen Zeitpunkt einkaufen, den Job kündigen, weggehen ...

3. die Situation akzeptieren (love it) – der Situation etwas Vorteilhaftes abgewinnen: Beim Warten haben wir Zeit, tief durchzuatmen ...

➤ Notiere hier eine aktuelle oder eine wiederkehrende Situation, die Stress bei dir hervorruft:

––

––

INSPIRATION

»Alles kann uns im Leben genommen werden, außer eines: die Freiheit zu entscheiden, wie wir auf eine Situation reagieren. Das ist, was über die Qualität unseres Lebens entscheidet – nicht, ob wir arm oder reich, berühmt oder unbekannt, gesund oder leidend waren.« Viktor Frankl, Arzt und Psychiater, von dem dieses Zitat stammt, hat das Konzentrationslager Auschwitz überlebt und aus der oben genannten Haltung heraus die Logotherapie begründet.

Change it: Kannst du etwas an dieser Situation verändern? Wenn ja, was?

_____

_____

Leave it: Kannst du die Situation verlassen? Wie? Um welchen Preis?

_____

_____

Love it: Kannst du deine innere Haltung ändern? Unter welchen Umständen ließe sich die Situation so, wie sie ist, annehmen?

_____

_____

ACHTSAMES LAUSCHEN

Die Buddhisten haben schon vor Jahrhunderten ein Mittel gegen Stress entwickelt: Achtsamkeit. Achtsam sein heißt, deine Erfahrung in diesem Moment bewusst wahrzunehmen, ohne sie zu bewerten.

Mit der folgenden Übung kannst du dich immer wieder im Hier und Jetzt verankern. Sie trainiert, offen zu sein für das, was *jetzt* ist, und nicht gedanklich in der Vergangenheit oder Zukunft umherzuirren.

Du kannst die Übung überall machen, wo du fünf Minuten nicht ansprechbar sein musst. Stelle einen Wecker so ein, dass du in fünf Minuten einen Ton hörst und dich während der Übung nicht darum kümmern musst, wann sie zu Ende ist. So kannst du dich besser ganz darauf einlassen.

- Setze dich bequem und aufrecht auf einen Stuhl.
- Schließe die Augen oder richte sie sanft zum Boden.
- Nimm nun alle Geräusche wahr, die an dein Ohr dringen.

Vielleicht sind es Geräusche, die von weiter weg kommen (Vogelgezwitscher, Autos, Flugzeuge) oder aus deiner näheren Umgebung (ein Rascheln, die Heizung, Stimmen) oder aus deinem Körper (dein Atem, Bauchgrummeln) und so weiter.

- Du brauchst die Geräusche nicht zu benennen, das führt eher dazu, dass wir in Geschichten abdriften. Nimm die Geräusche einfach nur wahr und bleibe offen für die Veränderung.
- Möglicherweise intensiviert sich dein Hören und alles andere gerät in den Hintergrund. Vielleicht stellen sich auch Gedanken ein. So funktioniert unser Geist, er beschäftigt sich eben gern, ob es uns passt oder nicht. Wenn du merkst, dass die Gedanken deine Aufmerksamkeit mitgenommen haben, nimm sie wie ein kleines Kind wieder an die Hand und führe sie zurück zu den Geräuschen.
- Nach einer Weile verlierst du vielleicht dein Zeitgefühl oder spürst, dass dein Atem ein bisschen ruhiger fließt. Vielleicht hast du auch einfach das Gefühl, nur dazusitzen – das ist auch völlig in Ordnung. Auf jeden Fall wird es jedes Mal anders sein. Wie kannst du offen sein für die Erfahrung, wie sie jetzt gerade ist?

HERZATMUNG

Fühlt sich dein Herz flattrig an, wenn du gestresst bist? Oder wirst du kurzatmig? Je gestresster wir über einen längeren Zeitraum sind, desto unregelmäßiger schlägt unser Herz, was wiederum das Nervensystem beeinflusst.

RHYTHMUS

Nice to know!

Ein gesundes Herz schlägt im Verlauf einer Minute unterschiedlich schnell. Diese sogenannte Herzfrequenzvariabilität ist durchaus erwünscht. Das aktivierende und das beruhigende Programm im Körper wechseln sich ständig ab und halten uns so in Balance. Gerät diese Balance aber für längere Zeit aus dem Takt – etwa durch dauerhaften Stress –, kommt auch der restliche Körper ins Ungleichgewicht. Die gute Nachricht: Wir können den Rhythmus anhand von Atemübungen wie der hier vorgestellten beeinflussen.

Die Herzatmung wird in amerikanischen Herz- und Psychosomatikkliniken bereits sehr erfolgreich angewandt und ist Teil einer Forschung mit Namen Heart Math.

Mit dieser Übung lässt sich die Herzfrequenzvariabilität positiv beeinflussen. Sie hilft dir zu entspannen und du kannst sie überall machen.

- Stelle dein Handy auf lautlos und setze dich bequem hin. Mit ein wenig Übung kannst du die Herzatmung jederzeit und überall machen, zum Beispiel im Fahrstuhl oder in der U-Bahn.
- Richte deine Aufmerksamkeit auf die Herzgegend.
- Stelle dir vor, dass du die Luft durch das Herz ein- und ausatmest.
- Wenn du ein gutes Gefühl dafür gewonnen hast, wie der Atem in das Herz ein- und aus dem Herzen ausströmt, denke an einen Menschen oder ein Tier, den/das du liebst, oder an einen Ort, der bei dir sehr angenehme Erinnerungen weckt.
- Atme weiter mit diesem positiven Gefühl durch das Herz ein und aus.

GEDANKEN ÜBERPRÜFEN

Oft sind es Gedanken, die uns am meisten stressen. Zum Beispiel der Gedanke, dass wir nicht alles schaffen könnten, was wir uns vorgenommen haben, oder dass Paula so unzuverlässig ist oder dass wir nicht gut genug sind.

Leider können wir Gedanken nicht so einfach abstellen. Aber wir können sie überprüfen und dadurch eine andere Perspektive gewinnen, die uns größeren inneren Freiraum verschafft und entspannt. Überprüfe hier mal deine Gedanken und überzeuge dich selbst, welche befreiende Wirkung das haben kann!

▶ Notiere hier etwas, was dich gerade stresst (zum Beispiel: »Peter führt das Team in die falsche Richtung«):

_____

▶ Was ist der dahinterliegende Gedanke? (»Peter versteht mich nicht.«)

_____

▶ Nun überprüfe deinen Gedanken anhand der folgenden vier Fragen:

1. Ist das wahr?

Zum Beispiel: Ist es wahr, dass Peter mich nicht versteht?

_____

_____

2. Kann ich hundertprozentig sicher sein, dass das wahr ist?

Kann ich hundertprozentig sicher sein, dass Peter mich nicht versteht?

_____

3. Wie reagiere ich, wenn ich diesen Gedanken denke?

Was passiert bei mir, wenn ich denke, Peter versteht mich nicht?

_ _

_ _

4. Wer wäre ich ohne diesen Gedanken?

Wer wäre ich ohne den Gedanken, Peter versteht mich nicht?

_ _

_ _

Dies sind die Fragen der Methode »The Work« von Byron Katie, mit der schon viele Menschen Ärger, Angst und Sorgen auflösen konnten. Byron Katie geht davon aus, dass Leiden dadurch entsteht, dass wir uns mit unseren Gedanken identifizieren. Das passiert immer dann, wenn wir uns wegen irgendetwas ungut fühlen und die Welt anders sein sollte, als sie ist. Das Untersuchen von Gedanken löst einen Perspektivenwechsel aus: Gehe ich durch mein Leben und Peter ärgert mich? Oder ist es, was ich über Peter *denke*, was mich ärgert? Probiere es einfach aus. Dieser Perspektivenwechsel wirkt manchmal Wunder. Im besten Fall kann das Belastende eines Gedankens, der uns Stress verursacht hat, von uns abperlen.

  # WASSERFALL

Es gibt ein einfaches Hilfsmittel, das deinen Zustand in einer stressigen Situation verändern kann und sicher nicht weit weg ist: den Wasserhahn. Lasse für ein bis zwei Minuten das Wasser in einer dir angenehmen Temperatur über deine Hände laufen.

Richte die Aufmerksamkeit so gut es gerade geht auf die Empfindung in deinen Händen.

Dies aktiviert den Parasympathikus, die »Bremse« unseres Nervensystems. An den Händen befinden sich viele Nervenzellen. Diese übermitteln das angenehme Gefühl des Wassers ans Gehirn. Hier wird das »Erholungsprogramm« angeschaltet und über die parasympathischen Nervenverbindungen an die entsprechenden Organe weitergeleitet.

Durch den Wasserfall für die Hände wirst du nicht gleich tiefenentspannt sein, aber die körperliche Spannung kann leichter abfallen und es hilft dir in einer brenzligen Situation, wieder zur Besinnung zu kommen. Beim nächsten Ehekrach: Denk dran!

KOPF AUF DEN TISCH!

Bewusstes Entspannen hat einen anderen Effekt als Schlafen. Wenn du bei der Arbeit müde oder erschöpft bist, probiere zwischendurch mal diese kurze Entspannung:

- Stelle einen Stuhl (ohne Rollen!) nah an einen Tisch.

- Setze dich auf die Kante, die Füße flach auf dem Boden.

- Lege die Stirn auf die Unterarme.

- Neige das Kinn ein wenig in Richtung Brustkorb.

- Schließe die Augen.

- Atme am Anfang langsam und tief und dann normal. Entspanne dich für drei Minuten.

- Richte dich dann wieder auf und nimm einen langen, tiefen Atemzug, bevor du dich wieder deiner Arbeit zuwendest.

> Nice to know!

GASPEDAL UND BREMSE

Unser autonomes Nervensystem hat zwei »Programme«: Der Sympathikus (»Gaspedal«) fördert die Kampf-oder-Flucht-Reaktion des Körpers, hemmt die Verdauung und transportiert Blut zu den Muskeln. Der Parasympathikus (»Bremse«) steuert die Ruhe- und Verdauungsfunktionen des Körpers, beruhigt die Nerven, fördert die Aufnahme von Nahrung und zügelt den Adrenalinfluss. Gemeinsam regeln sie den Energiefluss des Körpers. Zu viel »Gas« macht krank, daher tun wir gut daran, die »Bremse« zu trainieren – auch weil unser Organismus mehr auf das Gaspedal als auf die Bremse geeicht ist.

RAUS AUS DER STRESSSPIRALE

Tausend Sachen regen dich auf, du weißt nicht, wo du anfangen sollst? Schreiben hilft. Du wirst dich danach erleichtert fühlen. Schreibe sieben Dinge auf, die dich momentan stressen oder frustrieren. Fülle damit die linke Spalte der Tabelle. Niemand sieht es, nur du. Erlaube dir, alles aufzuschreiben, was dich im Schuh drückt, was du aber vielleicht nicht in Gegenwart anderer aussprechen würdest. Vielleicht hilft dir die Bestandsaufnahme auf Seite 5.

Das stresst mich	Mein Umgang damit

▶ Kreise als Nächstes ein, was dich am meisten stresst oder frustriert. So kannst du leichter zwischen Unwichtigem und Wichtigem unterscheiden.

Okay. Erst mal durchatmen. Jetzt sieh dir die einzelnen Punkte auf der Liste noch mal an. Entscheide, wie du im Moment mit dem jeweiligen Aspekt umgehen willst anhand der drei Möglichkeiten: change it, leave it, love it (Seite 22). Schreibe deinen Umgang mit dem Stress in die rechte Spalte der Tabelle. Wenn du in einem bestimmten Fall einfach nichts machen willst, weil er nicht so wichtig ist oder sich von selbst erledigen könnte, schreibe zum Beispiel: »abwarten«.

▶ *Was packst du jetzt an?*

_____

_____

▶ *Was ist jetzt im Moment für dich wichtig?*

_____

_____

▶ *Wann machst du eine Pause?*

_____

_____

Der Stressmechanismus ist so alt wie die Menschheit und essenziell für unser Überleben. So etwa sah er bei unseren steinzeitlichen Vorfahren aus:

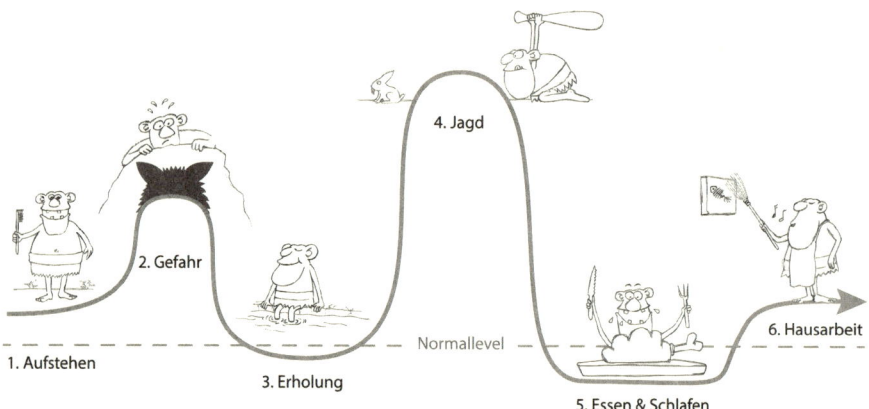

> Zeichne deine übliche Stresskurve, die charakteristisch für einen Tag in deinem Leben ist. In welchen Phasen brauchst du alle deine Energien? Bleibt auch genügend Zeit, um tief durchzuatmen und vielleicht sogar alle viere von dir zu strecken (oder eine Übung aus diesem Buch zu machen)? Wie viel Erholung gönnst du dir zwischendurch?

Ein Tag in meinem Leben:

— — — — — — — — — — — — — — — — — — — Normallevel

AUGEN VERDREHEN

Heute schon zur Entspannung die Augen verdreht? Dies ist eine ganz einfache Übung für zwischendurch, die du gut am Computer sitzend machen kannst. Mit bestimmten Augenbewegungen können wir unseren Zustand beeinflussen. Das Bewegen der Augen schaltet nämlich das parasympathische Nervensystem ein, also das »Erholungsprogramm« unseres Körpers. Probiere es mal aus:

- Schaue 16-mal abwechselnd nach links und rechts.
- Schaue 16-mal abwechselnd nach oben und unten.
- Schaue 8-mal zu den Augenwinkeln nach rechts oben und nach links unten, dann 8-mal von links oben nach rechts unten.
- Nun drehe die Augen im Kreis 3-mal in die eine Richtung und 3-mal in die andere.
- Bewege die Augen in Form einer liegenden Acht 3-mal in die eine Richtung und 3-mal in die andere. ∞
- Reibe deine Hände schnell aneinander, bedecke die Augen und entspanne deine Augen für drei tiefe Atemzüge.

AUGEN UND PSYCHE

Nice to know!

Bewegt man die Augen hin und her, werden rechte und linke Gehirnhälfte abwechselnd »angetippt« – das scheint die natürliche Verarbeitung von Stress zu beschleunigen, weshalb Augenbewegungen unter anderem auch bei der EMDR-Therapie (Eye Movement Desensitization and Reprocessing) zur Behandlung von Posttraumatischer Belastungsstörung mit Erfolg eingesetzt werden.

WAS TUN MIT BELASTENDEN GEDANKEN?

Überzeugungen lassen sich nicht einfach überschreiben oder durch andere Gedanken ersetzen. Zum Beispiel kann ich die Überzeugung »Ich bin nicht gut genug« nicht löschen, indem ich mir ganz oft sage: »Doch, ich bin gut genug!«

> Das Problem lässt sich nicht auf der Ebene lösen,
> auf der es entstanden ist.

Unser Verstand ist nun mal nicht der beste Helfer, wenn es um persönliche Schwierigkeiten geht. Er kreiert aus Informationen, die er von überallher erhält, Netzwerke und aus diesen Netzwerken Überzeugungen. Zur Bewertung einer aktuellen Situation nutzt er automatisch eine alte Überzeugung. Meistens merken wir diesen Mechanismus gar nicht. Wir brauchen also Distanz zu unseren Gedanken und Überzeugungen. Wir können sie überprüfen (Seite 26) oder uns ein paar Tricks aneignen, sodass sie ihre Macht verlieren. Gedanken sind nicht die Wirklichkeit. Sie sind das, was unser Verstand aus der Wirklichkeit gemacht hat. Das Ziel folgender Methoden ist, den Gedanken als das zu sehen, was er ist, anstatt die Welt durch den Gedanken hindurch zu sehen.

Mein belastender Gedanke:

1. *Gib deinem Verstand einen Namen (»Egon«, »Missy«).*
   Das hilft zu erkennen, dass wir nicht unser Verstand sind.

2. *Singe den Gedanken.*
   Nimm zum Beispiel die Melodie von »Hänschen klein« oder »Alle meine Entchen« und fülle als Text deinen Gedanken ein.

3. *Sage den Gedanken, am besten reduziert auf ein Wort (etwa »schlecht«), immer wieder ganz schnell hintereinander.*
   Nach 60 Sekunden verliert er seine Wirkung.

4. *Sage den Gedanken in einer anderen Stimme, zum Beispiel der von Dagobert Duck.*

Mache dies 30 Sekunden lang. Wie fühlt sich der Gedanke jetzt an?

5. *Teile den Gedanken demonstrativ mit anderen.*

Schreibe ihn auf ein T-Shirt oder nutze ihn als Bildschirmschoner deines Computers (»Etwas ist falsch mit dir«). Das holt ihn aus dem »Scham-Eckchen« und du kannst entscheiden, ob er wirklich dein Leben diktieren soll.

Wir wollen uns nicht lustig machen über den Verstand, sondern Abstand zu ihm gewinnen. So, nun bist du dran:

Meine Erfahrung nach einer Woche ...

mit 1: _____

_____

Zum Beispiel: »Es war erst mal total komisch, dann fand ich Egons ständiges Gebrabbel albern.«

mit 2: _____

mit 3: _____

mit 4: _____

mit 5: _____

Welchen Antreiber (Seite 12) findest du gegebenenfalls in deinem belastenden Gedanken wieder?

_____

WELCHER STRESSTYP BIST DU?

Dieser Test geht zurück auf die amerikanischen Kardiologen Meyer Friedman und Ray Rosenman (»Der A-Typ und der B-Typ«, 1982, Rowohlt Verlag).

➤ Trage in der mittleren Spalte eine Punktzahl zwischen 0 und 10 ein. 0 = Charakteristiken des B-Typs treffen ganz zu, 1 = treffen fast ganz zu und so weiter bis 10 = Charakteristiken des A-Typs treffen zu 100 Prozent zu.

B-Typ	Punkte	A-Typ
Tut Dinge langsam		Isst, läuft, geht etc. schnell
Erledigt eins nach dem anderen		Macht vieles gleichzeitig; ist in Gedanken beim Nächsten
Ist entspannt im Hier und Jetzt		Ist immer in Eile
Ist oft zu spät		Kommt immer pünktlich
Nimmt die eigene Arbeit nicht zu ernst		Strebt im Job nach mehr, ist ehrgeizig
Wünscht sich einen angenehmen Beruf		Wünscht sich einen gesellschaftlich anerkannten Beruf
Hat viele Hobbys und Interessen neben dem Beruf		Macht wenig außerhalb des Berufs
Lässt eher andere sprechen, hört gelassen zu		Nimmt vorweg, was andere sagen wollen, unterbricht andere
Redet eher langsam und ruhig		Spricht betont und schnell
Wartet eher geduldig ab		Wird ungeduldig beim Warten
Lässt Dinge geschehen, ist abwartend		Strengt sich sehr an, bemüht sich
Nimmt das Leben leicht		Bemüht und schindet sich
Agiert eher konsensorientiert		Misst sich gern mit anderen
Spricht über seine Gefühle		Versteckt seine Gefühle oder explodiert
Gesamtpunktzahl:		

➤ Ermittle deine Gesamtpunktzahl.

- 112–140 Punkte: A-Typ in extremer Ausprägung
- 84–111 Punkte: A-Typ
- 56–83 Punkte: Mischung A-Typ/B-Typ
- 28–55 Punkte: B-Typ
- 0–27 Punkte: B-Typ in extremer Ausprägung

A-Typ Beschreibung: Ein A-Typ ist jemand, für den Stress und Wettbewerb einen starken Motor darstellen. Er setzt sich durch, strebt nach Bestleistung und erwartet diese auch von anderen. Sein Energiepotenzial ist hoch, andere würden bei vergleichbaren Herausforderungen zusammenbrechen. Es besteht ein erhöhtes Risiko für Herzkrankheiten.
Allerdings kann es dem A-Typ schwerfallen abzuschalten und er nimmt eher zu spät wahr, was sein Körper braucht oder wann er sich überfordert. Es kann sein, dass er Stress braucht, um sich lebendig und wertgeschätzt zu fühlen.

Empfehlungen: Gönne dir immer wieder Ruhepausen und mache regelmäßig Sport. Mache Übungen, die Stresshormone abbauen, wie z. B. »Dampf ablassen« (Seite 8), »Den Stress wegklopfen« (Seite 16), »Ewiger Atem« (Seite 45), »Achtsames Lauschen« (Seite 24), »Wechselatmung für ruhige Nerven« (Seite 20) und »Ah, das Telefon klingelt« (Seite 9).

B-Typ Beschreibung: B-Typen sind nach außen entspannt und ruhig. Sie wirken gemächlich und ausgeglichen. Dies kann hilfreich sein, es kann aber auch ein Zeichen dafür sein, dass sie unter Stress nicht äußerlich leiden, sondern innerlich, insbesondere bei anhaltendem Stress. Manchmal wirken B-Typen in Stresssituationen so, als nähmen sie nicht richtig am Leben teil. Sie sind anfälliger für Infekte und psychosomatische Erkrankungen.
B-Typen weichen potenziell bedrohlichen Situationen eher aus und schützen sich kontinuierlich vor Stress und Überforderung. Aber auch Unterforderung ist nicht gesund und kostet vor allem Lebensfreude.

Empfehlungen: Als B-Typ empfehle ich dir, auf deine Lebendigkeit zu achten. Insbesondere rate ich dir: Tue jeden Tag etwas Ungewohntes und übe körperlich aktivierende und stresslösende Methoden wie die »Gute-Laune-Übung« (Seite 67), »Ich bin ein Gorilla!« (Seite 53), »Stressabbau ist Energieabbau!« (Seite 42), »Anspannen, um zu entspannen« (Seite 64).

GEGENGEWICHTE SCHAFFEN 1: DANKBAR SEIN

Stress im Leben zu haben gehört für die meisten von uns dazu und ist nicht so leicht abzustellen. Damit wir nicht aus der Balance kommen, brauchen wir Gegengewichte: Dinge, die uns entspannen, und Dinge, die uns erfreuen. Ein sehr bewährtes Mittel für die psychische Gesundheit ist die regelmäßige Dankbarkeitsreflexion. Studien zufolge verbessert sie die Gesundheit, macht uns stressresistenter und überhaupt optimistischer. Am besten fängst du gleich an.

Notiere hier drei Dinge, für die du heute dankbar bist:
Zum Beispiel das Lachen deines Kindes, dass du eine Arbeit hast, dass du gesund bist ...

1. _____

2. _____

3. _____

Wo in deinem Körper spürst du das Gefühl von Dankbarkeit?

_____

Verweile noch ein paar Atemzüge und bade deinen Körper in dem Gefühl von Dankbarkeit.

Mache das jeden Abend vor dem Schlafengehen. Wenn es zur Routine geworden ist, kannst du es mental machen und vor deinem geistigen Auge noch mal die Dinge entstehen lassen, für die du dankbar bist. Ein schöner Gegenstand am Bett, zum Beispiel ein Stein, kann dich an die Dankbarkeitsübung erinnern. Das Gute daran: Wenn wir ein Gefühl von Dankbarkeit haben, können wir nicht gleichzeitig gestresst, wütend oder traurig sein. Manchmal ist es schwieriger als an anderen Tagen, dieses Gefühl zu erzeugen. Habe Geduld und versuche es einfach immer wieder.

EINMAL LÄCHELN, BITTE!

Allein die Bewegung von Lächeln beeinflusst unser Gehirn. Am eindrücklichsten hat das die »Bleistiftstudie« des Forschers Fritz Strack bewiesen, bei der Menschen einen Bleistift zwischen den Zähnen hatten, während sie einen Comic anschauten, und danach das Gesehene deutlich positiver bewerteten als die Vergleichsgruppe ohne Bleistift.

Hier eine einfache Technik für zwischendurch, mit der du die Stimmung heben kannst – der Lächelatem:

- Schließe die Augen.
- Atme tief ein.
- Atme nach und nach intensiv aus, während du dein Kinn Richtung Brust senkst.
- Hebe deine Mundwinkel. Atme ein und aus.
- Atme ein und hebe das Kinn.
- Atme aus und öffne die Augen.
- Wie fühlst du dich jetzt?

Der Lächelatem dauert weniger als 10 Sekunden und kann deine Sichtweise ändern, während gleichzeitig das autonome Nervensystem beruhigt wird. Am besten übst du es regelmäßig!

Übungsalternative

Ziehe einfach die Mundwinkel hoch! Das musst du allerdings mit Timer konsequent 60 Sekunden durchhalten. Dann drücken die Gesichtsmuskeln auf einen Nerv, der dem Gehirn signalisiert: Freudehormone ausschütten!

Lächeln hat positive Auswirkungen auf unsere Körperchemie und vertreibt Stress. Zum Beispiel hat man im Rachen- und Nasenraum, also da, wo sich Viren gern breitmachen, nach einer herzhaften Runde Lachen erhöhte Mengen des Abwehrstoffes Immunglobulin A messen können.

★ ★ ★ NERV DOCH NICHT SO!

Manche Angelegenheiten sind so nervig, dass man am liebsten an die Decke gehen möchte! Wenn es dir so geht, probiere doch mal die 10er-Regel aus.

* Nimm eine Sache, die dich nervt. Sei nicht diplomatisch.

_____

* Wie sehr nervt dich diese Angelegenheit noch in 10 Minuten? _ _ _ _ _ _ _

* Wie sehr nervt sie dich noch in 10 Tagen? _ _ _ _ _ _ _ _ _ _ _ _ _
* Wie sehr nervt sie dich noch in 10 Jahren? _ _ _ _ _ _ _ _ _ _ _ _

Was nervt dich außerdem? Gehe mit der nächsten nervigen Sache genauso vor.

_____

Und noch mit einer dritten Sache:

_____

Jetzt knüpfe dir die dicken Kaliber vor, also diejenigen, die dich noch in 10 Jahren nerven, denn sie sind es wert, deine Aufmerksamkeit zu beanspruchen. Wenn wir uns auf die wesentlichen Dinge konzentrieren, fällt es leichter, über die Kommafehler des Kollegen und die von der Putzfrau vergessenen Stellen hinwegzusehen.
Nichts dabei? Prima! Dann mach mit einer anderen Übung in diesem Buch weiter. Andernfalls schreibe hier auf, was von den drei Dingen dich noch in 10 Jahren nerven wird:

_____

Wie könntest du damit *jetzt* umgehen nach dem Motto »change it, leave it,

40

love it« (Seite 22)?

Change it (verändern):

Leave it (verlassen):

Love it (akzeptieren oder in etwas Positives umwandeln):

Du hast immer noch das gleiche negative Gefühl? Dann braucht es manchmal
einfach Mitgefühl. Bei wem könntest du mal deinen Frust ablassen, der diese
Angelegenheit vielleicht versteht?

Name

Oder Selbstmitgefühl: Dies ist gerade eine schwierige Situation oder eine Angelegenheit, die dich sehr ärgert. Das ist so. Darf das so sein? Du musst dir nicht
selber leid tun, um anzuerkennen, dass du leidest. Das ist zutiefst menschlich.
Kannst du dir deine Emotion erlauben und für dich selber da sein?

STRESSABBAU IST ENERGIEABBAU!

Hast du heute schon die Treppe statt des Fahrstuhls genommen? Am schnellsten werden Stresshormone durch Bewegung abgebaut. Bei den Urmenschen passierte das ganz natürlich, weil sie weite Strecken zurücklegen mussten oder die meisten Tätigkeiten mit körperlichem Aufwand verbunden waren. Bei uns werden viele Tätigkeiten von Maschinen erledigt und wir verbringen oft die meiste Zeit sitzend.

Aber du kannst auch im Alltag einiges machen, um zeitnah Stress abzubauen. Zum Beispiel …

- zu Fuß von der Arbeit nach Hause gehen, wenigstens einen Teil der Strecke.
- zum Kollegen gehen, statt zu mailen.
- in flottem Tempo eine Runde um den Block drehen.
- eine körperliche Übung aus diesem Buch machen, etwa »Dampf ablassen« (Seite 8) oder die »Gute-Laune-Übung« (Seite 67).
- eine Minute auf der Stelle sprinten.
- mit Kopfhörern zu fetziger Musik tanzen.
- Wutzettel zerknüllen.

Welche Ideen hast du?

WAS WÜRDE BUDDHA TUN?

Ob wir eine Situation als stressig erleben oder nicht, hängt sehr von unserer inneren Wahrnehmung der Situation ab. Man könnte auch sagen: Wir sehen die Welt nicht, wie sie ist, sondern wie *wir* sind. Meistens ist unsere Wahrnehmung gefärbt von dem, was wir in der Vergangenheit erlebt haben und dadurch für die Zukunft antizipieren.

Magst du mal ausprobieren, mit einem mentalen Bild deine Wahrnehmung von einer stressigen Situation zu verändern? Die folgende Übung stammt aus der Traumatherapie und verblüfft meine Seminarteilnehmer regelmäßig.

Wähle ein Problem – eine Situation in der Zukunft, die dich stresst, aber bitte nicht gleich den Weltuntergang.

Wie hoch ist der Stresspegel auf einer Skala von 1 bis 10?

Nimm dir einen Moment Zeit, dir die Situation vor deinem geistigen Auge auszumalen. Wen oder was siehst du um dich herum? Was siehst du, hörst du, riechst du? Was tust du?
Nun mache ein kleines Gedankenexperiment. Alles ist so, wie es ist, aber du bist jetzt Buddha.

Was würde Buddha tun?

Was fühlst du im Körper, jetzt, wo du Buddha bist?
Was ist dir in dieser Situation möglich?
Nach etwa 3 Minuten komm zurück und sei wieder du selbst. Wie nimmst du den Stress in dieser Situation jetzt wahr?

Auf einer Skala von 1–10: Wie sehr stresst dich die Situation jetzt?

> ### Übungsalternative

Du kannst selbstverständlich auch ein anderes Vorbild wählen: deine weise Großmutter, einen coolen Freund, Jesus – wer immer für dich in diese Rolle gut hineinpasst.

DEINE LACHRESSOURCEN

Was bringt dich zum Lachen? Eine Person? Eine bestimmte Serie? Ein Film?
Schreibe drei Dinge auf.

_____

_____

_____

Und jetzt dein Lieblingswitz. Du kennst keinen? Dann befrage mal deine Freunde, ein guter ist sicher dabei. Und wenn du nichts zu lachen hast, holst du ihn
wieder hervor. Am besten sogar der Familie oder dem Team laut vorlesen ...

_____

_____

_____

_____

_____

_____

_____

_____

EWIGER ATEM

Diese Übung kannst du überall zwischendurch machen, um dich zu entspannen.

- Setze dich bequem hin und richte deine Wirbelsäule auf.
- Stelle dein Handy leise und den Timer auf 3 Minuten.
- Atme 3 Minuten lang so langsam du kannst, aber ohne dass es anstrengend wird.
- Zähle deine Atemzüge: Einatmen = 1, Ausatmen = 2. Das Zählen hilft, die Aufmerksamkeit zu bündeln.

HER MIT DEM SAUERSTOFF!

Nice to know!

Anders, als man intuitiv annehmen würde und als vielerorts verbreitet wird, erhält das Gehirn beim schnellen Atmen *weniger* Sauerstoff und beim langsamen Atmen *mehr* Sauerstoff. Das hängt mit dem Kohlendioxidgehalt im Blut zusammen, der beim langsamen Atmen steigt. Dadurch weiten sich die Hirngefäße; mehr Sauerstoff kann aufgenommen werden.

Langsames Atmen wirkt sich außerdem vor allem auf das Nervensystem und dadurch auf unseren mentalen Zustand aus: Wir fühlen uns aufmerksamer und ruhiger. 6 Atemzüge pro Minute sind die ideale Rate für die Aktivierung des parasympathischen Nervensystems, aber auch 30 sind gut. Die positiven Effekte sind mental spürbar und körperlich messbar: Die arteriellen Barorezeptoren zum Beispiel, die in unseren Zellen den Blutdruck regeln, arbeiten optimal – eine gute Übung also auch für Herz-Kreislauf-Patienten.

 # STRESS UND VERÄNDERUNGEN

Hat sich in deinem Leben in letzter Zeit einiges geändert? Laut den Psychiatern Thomas Holmes und Richard Rahe ist der Stress umso größer und gesundheitsschädlicher, je mehr Lebensbereiche neuen Umständen angepasst werden müssen, selbst wenn diese Umstände erfreuliche sind – wie eine neue Stelle oder die Geburt eines Kindes. Der als negativ empfundene Disstress wiegt natürlich schwerer im Hinblick auf unsere Gesundheit, aber insgesamt kommt es auf die Summe von Eustress (positivem Stress) und Disstress an.

Welche Veränderungen gab es in deinem Leben in den letzten zwölf Monaten? Liste einmal alles auf, was dir einfällt (neuer Job, neue Wohnung, Verlust eines Menschen, Ende einer Beziehung, andere Essgewohnheiten, anderes Freizeitverhalten, Aufnahme eines Kredits, Krankheit, Arbeitszeitänderungen ...).

Veränderungen kosten mentale Kraft, weil wir uns neu orientieren müssen. Deshalb hilft es, sich bewusst zu machen, wie viele und welche Veränderungen passiert sind oder passieren. Hast du sehr viele oder sehr große Veränderungen auf deiner Liste? Dann hilft es gegebenenfalls, sich professionell unterstützen und begleiten zu lassen. Auch bei kleineren Veränderungen lohnt es sich, regelmäßige Entspannungsübungen zu machen, wie du sie in diesem Buch findest, um körperlich und seelisch gesund und mental flexibel zu bleiben.

Wenn du zurückdenkst an dein ganzes Leben, welche Veränderungen waren positiv für dich? Aus welchen Veränderungen bist zu gestärkt hervorgegangen?

Zum Beispiel: »Ich habe eine schwere Krankheit überwunden. Ich weiß das Leben seither anders zu schätzen.« Oder: »Ich habe meinen Freundeskreis verändert. Das war anstrengend, aber seitdem geht es mir besser.«

NEIN SAGEN

Wenn es uns gelingt, Anfragen auch mal abzulehnen, können wir besser mit unseren Kräften haushalten. Das macht es möglich, dass wir gar nicht erst in Stress geraten. Wenn es dir schwerfällt, nein zu sagen, generell oder ab und zu, probiere doch mal Folgendes aus:

1. Halte einen Moment inne, wenn jemand dich um etwas bittet. Was nimmst du im Körper wahr? Spürst du einen inneren Widerstand gegen die Aufgabe, und wenn ja, wo?

2. Wenn du einen Widerstand spürst, warum, glaubst du, spürst du ihn? Warum sagt dein Körper »nein«?

3. Wenn du zu dieser Anfrage nein sagst, mache dir bewusst, wozu du ja sagst. Welches Ziel kannst du verfolgen, dadurch dass du die Aufgabe ablehnst? Mit diesem positiven Ziel im Kopf ist es einfacher, nein zu etwas anderem zu sagen.

4. Wähle Unbehagen jetzt – statt Reue hinterher. Formuliere dein »Nein« wertschätzend und erkläre dein »Ja«. Zum Beispiel: »Danke für dein Vertrauen, ich würde dir gern helfen. Ich brauche aber heute meine Zeit für die Aufgaben, die ich schon übernommen habe, tut mir leid.« Wähle ein Beispiel, bei dem es dir schwerfällt, nein zu sagen, und formuliere dein »Nein«.

5. Fällt es dir bei bestimmten Menschen oder in bestimmten Situationen schwer, nein zu sagen? Mit diesen Menschen kannst du gut üben.

GEGENGEWICHTE SCHAFFEN 2: KALENDER DER KLEINEN FREUDEN

Trage drei Wochen lang für jeden Tag der Woche mindestens eine Sache ein, auf die du dich freust – zum Beispiel am Vorabend jedes Tages.

	Woche 1	Woche 2	Woche 3
Montag			
Dienstag			
Mittwoch			
Donnerstag			
Freitag			
Samstag			
Sonntag			

Nach den drei Wochen kann es ein selbstverständliches Ritual in deinem Leben werden, das dir dabei hilft, auch anstrengende Tage mit Gelassenheit zu überstehen.

STRESS UMDEUTEN

Wir können nicht verhindern, dass Schwierigkeiten auftreten. Doch es kommt darauf an, wie wir damit umgehen. Auf eine Weise darauf zu reagieren, die unserer Gesundheit nicht schadet, lässt sich erlernen.

Für unseren individuellen Stresslevel ist beispielsweise *auch* von Bedeutung, ob wir unser Leben als sehr stressig wahrnehmen oder nicht. Die Psychologin Kelly McGonigal hat herausgefunden, dass Menschen, die sich über längere Zeit selbst als sehr gestresst wahrnahmen, eine kürzere Lebenserwartung hatten als sehr beschäftigte Menschen, die sich nicht als gestresst bezeichneten.

Du kannst bestimmte Situationen einfach aus einer anderen, weniger bedrohlichen Perspektive betrachten und damit schon eine Menge erreichen. Probiere es einfach aus.

Bewerte vier Stressoren in deinem Leben neu

Was mich stresst	Bisherige Gedanken und Gefühle dazu	Was mir bei der Neubewertung hilft
Gespräch mit dem Chef	*Er sieht nicht, was ich leiste.*	*Ich stelle mir meinen Chef in Unterhose oder mit Clownsnase vor.*

ENERGIEÜBUNG FÜR KONZENTRATION UND ENTSPANNUNG

Diese Übung eignet sich gut für eine akute Stresssituation – zum Beispiel vor einem Vortrag – oder zum Stressabbau regelmäßig vor dem Schlafengehen. Du kannst sie überall machen, wo du drei Minuten Ruhe hast.

Im Sitzen das rechte Bein über das linke legen, den rechten Arm über den linken, die Finger verschränken. Nun die Hände nach innen zum Körper holen, sodass auch die Arme verschränkt sind, der linke Arm liegt außen. Die Zunge an den Gaumen hinter die Schneidezähne bringen.

- *Atme tief ein. Atme allen physischen Stress aus.*
- *Atme tief ein. Atme allen emotionalen Stress aus.*
- *Atme tief ein. Atme gedanklichen Stress aus.*

Die Beine nebeneinanderstellen, Fingerspitzen zusammenlegen und mit den inneren Sinnen beobachten.

- *Wie fühlt sich dein Körper an? Was spürst du in den Händen, was in den Fingerspitzen?*
- *Wenn an allen fünf Fingerspitzen eine gute Verbindung spürbar ist, kannst du die Übung beenden.*

Wenn dir diese Übung gutgetan hat, mache sie mindestens einmal am Tag. Oder öfter. Viel hilft in dem Fall viel!

VERKNOTE DICH!

Diese Übung hat der Kinesiologe Wayne Cook entwickelt. Die Überkreuzhaltung der Arme und Beine bewirkt eine Verbindung der beiden Gehirnhälften. Die Übung bringt mehr Ruhe und Konzentration, aktiviert die emotionale Zentriertheit, verbessert die körperliche Koordination und das Gleichgewicht und steigert die Abgrenzungsfähigkeit.

 # ABSCHALTEN MIT KEKSDOSE

Oft schwirrt uns nach der Arbeit der Kopf. Und es ist wieder nicht alles erledigt! Wenn wir mit diesem Gefühl in den Feierabend gehen, nehmen wir den Stress womöglich mit. Deshalb ist es gut, systematisch den Arbeitstag mit einem Ritual abzuschließen.

- Schreibe alle Tätigkeiten, Themen, Probleme, stressauslösenden Gedanken auf einen kleinen Zettel und stecke sie in eine leere Keksdose.

- Schließe die Dose in dem Bewusstsein, dass alle darin abgelegten Gedanken im Büro bleiben und du die Keksdose morgen, aber eben erst morgen, wieder öffnest und weiterbearbeitest.

- Wenn du zu Hause wieder ins Grübeln über eines dieser Themen kommst, kannst du dich erinnern, dass das Thema abgelegt ist und morgen neu versorgt wird. So kannst du einen die Freizeit belastenden Gedanken an dieser Stelle unterbrechen und deinen freien Abend genießen!

RITUALE

Warum zog Niccolò Machiavelli jeden Abend zur gleichen Zeit seine schönsten Kleider an, setzte sich ans Fenster mit dem Blick nach Westen, um in den Klassikern antiker Autoren zu lesen?
Rituale schaffen Ordnung im Bewusstsein und bilden innere Ankerplätze im schnell fließenden Strom der Zeit. Sie stabilisieren Körper, Geist und Seele. Das merkt man gut an kleinen Kindern, wenn sie eine Zeit lang darauf bestehen, dass alles genauso abläuft wie gewohnt: an den Händen fassen vor dem Essen, ein bestimmtes Lied singen vor dem Einschlafen. Welche Rituale strukturieren deinen Tag?

ICH BIN EIN GORILLA!

Nervös? Gestresst? Unkonzentriert? Müde? Verschwinde kurz auf der Toilette oder hinter deiner Bürotür. Und dann klopfe dich am ganzen Körper ab! Anscheinend wussten schon unsere engsten tierischen Verwandten, dass wir durch diese Machtposen groß und stark werden! Das Abklopfen bringt die Energie in Fluss, entspannt das Nervensystem und versorgt das Gehirn mit frischem Sauerstoff, sodass du danach wach und konzentriert deine Aufgabe antreten kannst. Und wir können mit unserer Körpersprache beeinflussen, wie wir uns fühlen und wie selbstbewusst wir wirken.

- Klopfe dir mit geschlossenen Fäusten wie ein Gorilla auf die Brust.
- Wandere mit den klopfenden Fäusten weiter zu den Flanken und dann zum unteren Rücken.
- Beklopfe die Schultern, den Nacken und wandere dann zum Hinterkopf.
- Klopfe mit den Fingerknöcheln sanft die ganze Schädeldecke, die Stirn, die Schläfen und den Unterkiefer ab.
- Gehe nun zu den Hüften und zum Po. Klopfe die Beine an den Vorderseiten und an den Rückseiten nach unten. Klopfe auch die Füße ab.
- Zum Schluss mache noch mal das Gorillaklopfen vom Anfang.

Und jetzt schreibe auf:

Warum bist du genau der/die Richtige für die Aufgabe, die ansteht?

_____

_____

Was macht dir daran Spaß?

_____

_____

★★★ INNERE KONFLIKTE LÖSEN

Was ist los? Wie fühlst du dich? Fange irgendwo an. Schreibe einfach ein paar Stichpunkte auf, bevor du mit der folgenden Meditation beginnst.

_____

_____

_____

Diese Meditation nach Amy Weintraub kannst du im Sitzen oder im Liegen machen. Sie hilft dir, bei dir anzukommen und Klarheit zu finden. Falls du jemanden hast, der dir den Text langsam vorliest, kann das sehr hilfreich sein, weil du dich ganz aufs Spüren konzentrieren kannst.

- Nimm deinen Atem wahr. Spüre den Strom des Atems in den Nasenflügeln. Ein und aus. Ein und aus. Ein und aus.
- Nimm den Atem im Bauch wahr. Beobachte dann, wie der Brustkorb auf die Atmung reagiert.
- Nun stelle dir vor, du atmest über deine Kopfkrone ein und über deine Füße aus. Während du über die Kopfkrone einatmest, sage dir »Ich bin«. Während du über deine Füße ausatmest, sage dir »hier«. Wiederhole das mehrmals.
- Atme über die Kopfkrone ein und sage dir »Ich bin«. Atme über die Sitzknochen aus und sage dir »geerdet«. Wiederhole das mehrmals.
- Atme über die Kopfkrone ein und sage dir »Ich bin«. Atme über den Punkt zwischen deinen Augenbrauen aus und sage dir »Klarheit«. Wiederhole das mehrmals.
- Atme über die Kopfkrone ein und sage dir »Ich bin«. Atme über das Herz aus und sage dir »Mitgefühl«. Wiederhole das mehrmals.
- Jetzt stelle dir bildlich vor, was du für die Ursache deines inneren Konfliktes hältst. Atme über die Kopfkrone ein mit den Worten »Ich bin«. Atme über den Solarplexus aus mit dem Wort »Mut«. Wiederhole das mehrmals.
- Jetzt visualisiere etwas, was für dich für ruhige Kraft steht. Das kann eine Szene aus der Natur sein, ein Tier oder ein Bild von dir selbst. Lasse dir Zeit. Während du das Bild vor deinem geistigen Auge hältst, atme durch die Kopfkrone ein und sage dir »Ich bin«. Atme durch den Solarplexus aus und sage dir »ruhige Kraft«. Wiederhole das mehrmals.

- Für die letzte Runde dieser Atemmeditation atme durch die Kopfkrone ein mit den Worten »Ich bin«. Atme durch das Herz aus mit den Worten »Liebe«.
- Beende dann diese Meditation.

Notiere im Anschluss: Gibt es etwas, was du in Bezug auf deinen inneren Konflikt tun kannst? Wo könntest du anfangen?

ÄRGER- UND FREUDEKUCHEN

Diese Übung hilft, aus dem aktuellen Stress auszusteigen und eine größere Perspektive zu gewinnen.

▶ Schreibe in den linken Kuchen alles, was dich gerade ärgert (zum Beispiel Zeitdruck, Streit mit Thomas, Erwartungen von Pia, kaputte Kaffeemaschine ...). Trage dann in den rechten Kuchen alle Dinge ein, die dir gerade Freude bereiten (zum Beispiel Ausflug mit Andreas, Anerkennung der Kollegen, interessante Aufgabe, Verantwortung haben, Unterstützung von Sonja).

▶ Unterteile dazu jeden Kreis in unterschiedlich große »Kuchenstücke«. Je größer, desto wichtiger auch die Rolle, die diese Dinge in deinem Leben gerade spielen, und je kleiner, desto unbedeutender sind sie.

Mein Ärgerkuchen   Mein Freudekuchen

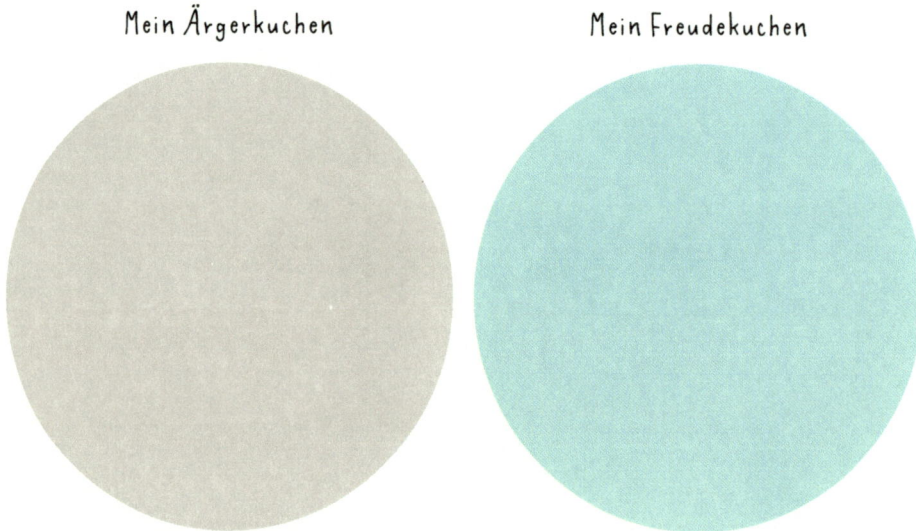

Von welchem Kuchen isst du gerade mehr?

VERÄNDERUNGSIMMUN?

Geht es dir auch so, dass du – vielleicht seit Jahren – ein Verhalten ändern möchtest, doch es will dir einfach nicht gelingen? Möglicherweise möchtest du schon lange die eine oder andere Aufgabe ablehnen, um nicht in Stress zu geraten. Oder besser auf deinen Körper hören. Im folgenden Prozess nach Robert Kegan (»Immunity to Change«, 2009) kannst du als dein eigener Coach aufdecken, welche mitunter unbewussten Widerstände dich hindern, deine Ziele zu erreichen, und so den richtigen Hebel für Veränderung finden.

Schritt 1	Schritt 2	Schritt 3	Schritt 4	Schritt 5
Verbesserungsziel	Was ich stattdessen tue ... ... und nicht tue	Entgegenstehende Selbstverpflichtung / Was könnte Unangenehmes passieren, wenn du Schritt 1 machst? (Führt zu Schritt 4)	Große Annahme	Experiment Gegenbeweise? Geschichte? Stimmt die Annahme?
Anrufe tätigen für Projekt Transit.	Anrufe und Tätigkeiten für andere Projekte / ich plane keine Anrufe für Transit.	Ich will nicht erfahren, was nicht realisierbar ist.	Wenn das Projekt nicht realisierbar ist, bin ich inkompetent.	Ich gerate in Stress. / Bis jetzt habe ich meistens gute Arbeit abgeliefert. / Für meinen Vater galten nur sichtbare Ergebnisse.

Hier geht's weiter

HARTE GEGNER

Persönliche Veränderungen gelingen oft deshalb nicht, weil ihnen konkurrierende Selbstverpflichtungen entgegenstehen, die als Werte, Glaubenssätze und Überzeugungen unser Verhalten steuern. Sie funktionieren wie ein Abwehrsystem gegen die Veränderung, denn sie wollen den Status quo erhalten. Indem wir sie uns bewusst machen, können wir an den richtigen Stellschrauben den Veränderungsprozess ins Rollen bringen.

Schritt 1:
Welches Verhalten willst du ändern? Was möchtest du, dass passiert?

Schritt 2:
Was tust du stattdessen? Und was tust du nicht?

Schritt 3:
Was erreichst du mit Schritt 2? Was ist dir dadurch möglich?

Was, befürchtest du, könnte Unangenehmes passieren, wenn du Schritt 1 machst? (= entgegenstehende Selbstverpflichtung)

Schritt 4:
Drehe den dritten Satz um. Wenn XY passiert, dann ... Was ist die Annahme hinter der entgegenstehenden Selbstverpflichtung?

Schritt 5:

Hierfür nimm dir ruhig ein wenig Zeit und schau immer mal wieder drauf:
a) Was passiert dadurch, dass du diese Annahme für wahr hältst?

_____

b) Welche Gegenbeweise gibt es zu oben stehender Annahme? Was
blendest du in dieser Annahme aus?

_____

c) Welche Geschichte steckt dahinter? Wann ist diese Annahme entstan-
den und warum hat sie damals Sinn gemacht?

_____

d) Teste die Annahme: Suche eine Situation aus, die dich nicht überfordert, und teste dein neues Verhalten aus. Deine Situation:

_____

e) Evaluation: Trifft die Annahme zu?
Wenn ja: Kannst du dich anders verhalten als bisher und die entgegenstehende Selbstverpflichtung anders befriedigen als bisher?

_____

Wenn nein: Kannst du das Verhalten (Schritt 2) minimieren, das dem
Verbesserungsziel (Schritt 1) entgegensteht? Wie?

_____

Was hast du noch gedacht oder gefühlt, als du das neue Verhalten
getestet hast?

_____

 ## DIE INNERE AUFRICHTUNG

Manchmal kann es sein, dass wir dringend eine Entspannungspause bräuchten, es aber gerade einfach nicht geht. Vielleicht bist du in einem langen Meeting oder jonglierst mit Familienverpflichtungen. Mit dieser Übung kannst du dich innerlich sammeln und stärken, egal wo du gerade bist, sitzend oder stehend.

- Spanne deinen Brustkorb auf. Lasse deine Wirbelsäule lang werden. Der untere Rücken hat dabei seine natürliche leichte Einwärtskurve.
- Bringe deinen Nacken und Kopf in eine Linie mit deiner Wirbelsäule.
- Stelle dir vor, du würdest an der Krone deines Kopfes einen sanften Zug nach oben spüren.
- Schließe die Augen, falls das gerade möglich ist, oder lasse den Blick weicher werden und nach unten fallen.
- Bringe die Aufmerksamkeit zu deiner Atmung. Nimm mehrere tiefe und ruhige Atemzüge.
- Wenn dein Atem irgendwo festzustecken scheint, hast du womöglich den Zug der Wirbelsäule verloren. Wenn die Wirbelsäule aufgerichtet ist, kann das Zwerchfell optimal arbeiten und das Atmen fühlt sich leicht an.
- Atme aus und lasse die Schultern nach unten fallen, weg von den Ohren. Die Arme fließen lang nach unten.

Kurzform für die »freie Wildbahn«:
Wirbelsäule lang, Kopfkrone zieht nach oben, alles andere entspannen. Atem fließt ruhig.

Rituale helfen, dass wir Übungen wie diese selbstverständlich in unseren Tagesablauf integrieren. Was könnte dein Übungsritual für die »innere Aufrichtung« sein? *Zum Beispiel: Ich übe es immer, wenn ich an einer roten Ampel warte. Oder: Ich übe es immer, wenn ich darauf warte, dass mein Tee oder Kaffee fertig ist.*

Mein Übungsritual:

_ _

Wann? _ _ _ _ _ _ _ _ _ Wo? _ _ _ _ _ _ _ _ _ _ _ _

BEWUSST DAS SCHÖNE SEHEN

Diese Stressmanagement-Übung schult, die kleinen schönen Dinge im Alltag zu erleben. Wenn wir bewusst Schönheit oder Freude in uns oder um uns herum wahrnehmen, bauen wir Stresshormone ab und gehen gelassener durch den Tag. Alles, was du brauchst, sind getrocknete Kichererbsen. Alternativ gehen auch Kaffeebohnen, Perlen oder was immer du findest – doch die Kichererbsen bieten natürlich die schönste Assoziation …

Stecke dir morgens 15 Kichererbsen in die rechte Hosentasche.

Jedes Mal, wenn du dich über etwas freust, etwas Schönes erlebst oder siehst, nimm eine Kichererbse aus der rechten Hosentasche und stecke sie in die linke Hosentasche.
Am Ende des Tages zähle nach: Wie viele Kichererbsen befinden sich in deiner linken Hosentasche?

Und weißt du noch, wofür sie stehen? Worüber hast du gekichert?

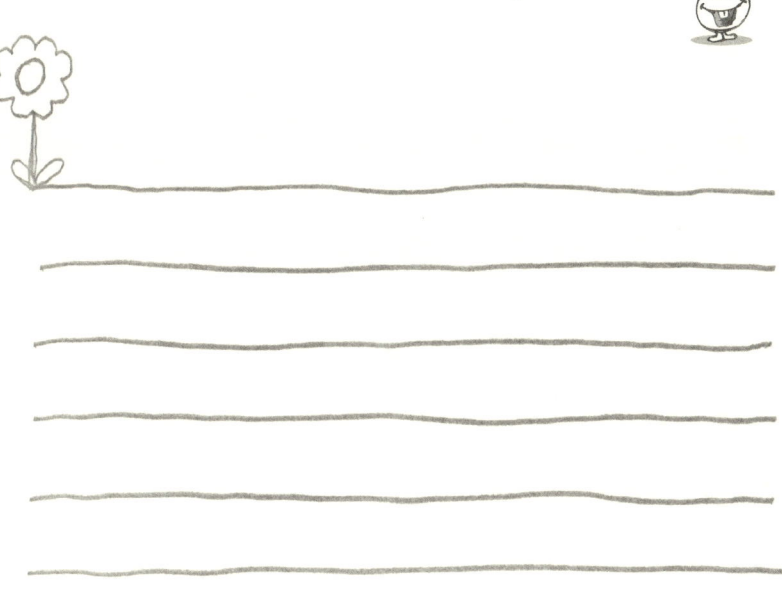

KINOSESSELÜBUNG

Mit dieser Übung aus dem Mentaltraining kannst du stressige Situationen transformieren. Setze dich mit einem Stift an einen gemütlichen Ort, wo du dich gern aufhältst und ungestört bist.

Stelle dir vor, du gehst ins Kino und dort laufen heute Ausschnitte aus deinem Leben. Eine Szene gefällt dir gar nicht: Sie zeigt eine Situation, in der du gestresst, verärgert, enttäuscht oder frustriert warst und dich dementsprechend verhieltst.

Was zeigt die Szene? Was tust du? Und wer ist noch anwesend?

– –

– –

Du lässt die Szene zurückspulen. Jetzt gibst du dem Hauptdarsteller (der Hauptdarstellerin), der (die) genauso aussieht wie du, neue Anweisungen, wie er (sie) agieren soll. Du bist Regisseur(in) und änderst kurzerhand das Drehbuch. Du lässt den Hauptdarsteller so lange ein neues Verhalten ausprobieren, bis dir der Umgang mit der Stresssituation gefällt.

Was macht der Hauptdarsteller nun? Wie verhält er sich?

– –

– –

– –

Warum gefällt dir das neue Verhalten?

– –

– –

– –

Jetzt gibst du auch den anderen Schauspielern, falls es welche gibt, noch Hin-
weise und Redetexte, wie sie auf das neue Verhalten reagieren sollen. Du lässt
sie das veränderte Drehbuch üben, bis der Gesamtausgang der Szene für dich
stimmig ist. Du hast die absolute Gestaltungsfreiheit! Nutze, was dir als Erstes in
den Sinn kommt, auch wenn es verrückt ist!

Wie verhalten sich die anderen Schauspieler jetzt – sofern es welche gibt?

_ _

_ _

Jetzt schlüpfst du selber in die Rolle des Hauptdarstellers und spielst die neu
entwickelte Szene. Höre nach, wie deine Stimme klingt, wie es sich anfühlt, was
du sagst und tust. Erlebe die veränderte Reaktion deiner Schauspielkollegen
und genieße den Ausgang der Szene.

Meine Stresslösungsstrategie, die sich daraus ergibt:

_ _

_ _

Nice to know!

GEHIRNAUTOBAHNEN

Wir verhalten uns oft automatisch, weil unser Gehirn auf »eingefahrene Pfade«
zurückgreift. Je häufiger ein Neuron gleichzeitig mit einem anderen Neuron
aufgerufen wird, desto mehr bilden die beiden automatisch eine Straße. Mit
mentalem Training können wir neue Verknüpfungen schaffen. Dann müssen wir
sie nur noch oft genug »abfahren«, damit uns das neue Verhalten (zum Beispiel
»innehalten und atmen«) leichtfällt.

ANSPANNEN, UM ZU ENTSPANNEN

Fünf Sekunden anspannen, fünf Sekunden entspannen: Das kannst du sogar unbemerkt in einem Meeting machen. Allerdings braucht es für ein gutes Ergebnis deine volle Aufmerksamkeit.

Vorbereitung:
Setze dich bequem auf einen Stuhl. Stelle die Füße nebeneinander auf den Boden. Lehne dich an die Rückenlehne und lege die Arme locker auf die Oberschenkel oder die Armlehnen.
Rekele und strecke dich. Atme tief ein und lasse die Luft dann ganz langsam ausströmen. Atme jetzt ruhig weiter.

Arme
- Achte jetzt auf deinen linken Arm. Wie fühlt er sich an?
- Spanne möglichst alle Muskeln des linken Armes an wie ein Bodybuilder. Balle die Hand zur Faust, winkle den Arm an, halte die Spannung. Zähle 21, 22, 23, 24, 25.
- Entspanne den Arm komplett. Lasse ihn ganz bequem und locker zurücksinken. Spüre nach in das Gefühl im Oberarm …, im Unterarm …, in der Hand …, in jedem Finger … Lasse dir Zeit, sodass sich die Muskeln noch ein wenig mehr lösen.
- Wiederhole das Ganze mit dem rechten Arm.

Schultern
- Wie fühlen sich die Schultern gerade an?
- Ziehe die Schultern hoch in Richtung Ohren. Achte darauf, wie es in den Schultern und Nackenmuskeln spannt. 21, 22, 23, 24, 25.
- Lasse die Schultern los. Lasse sie noch ein wenig tiefer nach unten sinken. Wie fühlt es sich an, wenn die Muskeln in den Schultern loslassen?

Gesicht
- Wie fühlt sich dein Gesicht an?
- Beiße die Zähne aufeinander, kneife die Augen zusammen und spanne die Gesichtsmuskeln an, indem du eine Grimasse machst. Halte die Spannung: 21, 22, 23, 24, 25.
- Löse die Muskeln im Gesicht komplett. Genieße die Lockerung. Lasse das Gesicht ganz gelöst, ganz glatt sein: Stirn … Wangen … Augen … Mund.

Rumpf

- Wie fühlt sich dein Rücken an? Wie der Bauch?
- Spanne den Rücken an, indem du die Schulterblätter zur Wirbelsäule hin zusammenziehst. Spanne den Bauch an, indem du den Bauchnabel fest nach innen ziehst. Achte auf das Spannungsgefühl. Weiche ihm nicht aus. Halte: 21, 22, 23, 24, 25.
- Lasse jetzt die Rückenmuskeln ganz locker ... Lasse den Bauch weich werden. Achte auf das angenehme Gefühl, wenn sich die Muskeln lösen.

Oberschenkel- und Gesäßmuskeln

- Wie fühlen sich deine Beine gerade an?
- Spanne deine Gesäß- und Oberschenkelmuskeln an. Kneife die Pobacken zusammen und mache die Oberschenkel hart. Achte auf die Spannung in den Muskeln. Halte: 21, 22, 23, 24, 25.
- Lasse los ... Die Beine finden in eine ganz bequeme und lockere Haltung zurück. Spüre und genieße das gelöste Gefühl in den Gesäß- und Oberschenkelmuskeln. Lasse ihnen etwas Zeit, damit sie sich vielleicht noch mehr lösen können.

Unterschenkel

- Wie fühlt es sich in den Unterschenkeln an?
- Lasse die Beine, wie sie sind, und ziehe einfach mit voller Kraft Zehenspitzen und Füße hoch in Richtung Gesicht. Halte die Spannung in den Unterschenkeln: 21, 22, 23, 24, 25.
- Lasse los ... Die Füße liegen bequem und locker. Wie fühlen sich die Unterschenkel an, wenn du ganz locker lässt?

Nun wandere gedanklich noch mal durch alle Körperbereiche und genieße die angenehme Entspannung

- in den Füßen
- in den Unterschenkeln
- in den Oberschenkeln
- in den Gesäßmuskeln
- im Bauch und im Rücken
- in den Schultern
- in den Armen
- in den Händen
- im Gesicht: im Kiefer, im Mund, in den Augen, in der Stirn.

Lasse alles locker und gelöst. Atme tief durch, ahhhhhhh.

 # RAUS AUS DER PERFEKTIONISMUSFALLE

Perfektionismus treibt uns leicht in Stress. Wenn wir uns erst zufriedengeben oder eine Pause machen können, wenn alles perfekt ist beziehungsweise so, wie wir es uns vorstellen, kann es sein, dass wir über unsere eigene Grenze gehen. Wir setzen uns unter Druck und unser Körper reagiert mit Unruhe und Anspannung. Bist du ein Perfektionist? Das sind die charakteristischen Merkmale:

- Angst, Fehler zu machen
- Hohe Anforderungen an sich stellen, verbunden mit dem Glauben, sonst in Mittelmäßigkeit abzusinken
- Harsche Selbstkritik als Strategie, um besser zu werden
- Angst, den Erwartungen anderer nicht gerecht zu werden
- Schwierigkeiten, sich eigene Fehler zu verzeihen

Überprüfe dich selbst: Wenn du die Merkmale für Perfektionismus oben durchliest, fällt dir eine Situation ein, in der du so gehandelt hast?

- -

Natürlich ist nichts daran verkehrt, ehrgeizig zu sein und Bestleistungen anzustreben, denn so können wir mit dem, was wir machen, Erfolg haben. Problematisch wird es nur, wenn unser Selbstwertgefühl von diesem Erfolg abhängt.

1. Tipp: Überprüfe deine Motive, wenn du danach strebst, etwas perfekt zu machen. Du kannst deine hohen Ansprüche bewahren, aber Fehler, Unvollkommenheiten und Niederlagen in Kauf nehmen, wenn du sie nicht als Urteil deiner Person bewertest.

Wann warst du zuletzt in etwas Beruflichem gut? Warum?

- -

2. Tipp: Entscheide in jeder Situation bewusst und flexibel, wie viel Einsatz du bringen möchtest und was gut genug ist, damit du gar nicht erst in die Endlosschleife des Immer-noch-mehr-Machens kommst.

Bei welchen Tätigkeiten hätte es keine oder kaum Auswirkungen, wenn du sie weniger gewissenhaft, nicht sofort oder gar nicht erledigen würdest?

- -

GUTE-LAUNE-ÜBUNG

Diese Übung hat einen unmittelbaren Wohlfühleffekt, weil sie angestaute Spannung löst. Durch die kraftvollen Einatemzüge und die Bewegungen weckt sie den Körper auf und stimuliert kurzfristig das sympathische Nervensystem, den Teil des Körpers also, der unsere Ressourcen aktiviert. Danach aber fühlt man sich ruhig und fokussiert, weil das parasympathische System übernimmt, der Teil des Nervensystems, der den Körper im Ruhezustand optimal versorgt. Sie stammt von Amy Weintraub, die sich auf Körperübungen zum Stimmungsmanagement spezialisiert hat und deren Übungen auch von Therapeuten eingesetzt werden.

- Stelle dich hin, Füße hüftbreit auseinander, Knie leicht gebeugt.
- Atme ein Drittel deiner Lungenkapazität ein und schwinge deine Arme nach vorn bis auf Schulterhöhe.
- Atme ein, bis zwei Drittel deiner Lunge gefüllt sind, und schwinge deine Arme wie Flügel zu den Seiten.
- Atme den ganzen Rest ein und schwinge die Arme nach oben über deinen Kopf, Handflächen zueinander ausgerichtet.
- Atme mit einem hörbaren »Ha« aus, beuge die Knie und schwinge dabei die Arme nach hinten wie ein Skispringer, Handflächen nach innen.
- Wiederhole das neun weitere Male. Forciere weder Atem noch Bewegung, sondern lasse dich von dem friedlich stimulierenden Rhythmus tragen.
- Danach stelle dich mit geschlossenen Augen hin. Spüre deinen Herzschlag. Nimm die Empfindungen in den Armen und im Gesicht wahr. Vielleicht spürst du ein Kribbeln in den Händen.

Notiere danach: Wie war der Effekt?

Ha!

Körperlich: _

Mental: _

Emotional: _

Wichtig: Mache diese Übung nicht, wenn du unbehandelten Bluthochdruck, Migräne, Kopf- oder Augenverletzungen hast.

MENTALES AUSMISTEN

Beobachte deine Sprache

Wenn unsere Gedanken nur noch um tägliche Verpflichtungen, innere Opferge-
schichten und um die Worte »müssen« und »sollen« kreisen, sind wir »mental
verstopft«. Diese Übung hilft dir, inneren Freiraum zu gewinnen und dir deine
Selbstbestimmung zurückzuerobern. Das entspannt dein Nervenkostüm und
setzt oft ungeheure Energien frei.

➤ Wie oft sagst du dir im Lauf eines Tages »Ich muss«? Du kannst auch deinen
  Partner, deine Partnerin oder einen Freund, eine Freundin fragen, ob er oder
  sie dich darauf aufmerksam machen kann, wenn du »müssen« oder »sollen«
  verwendest.

➤ Wann immer du ein »Ich muss« bemerkst, stelle dir drei Fragen und notiere
  die Antworten darunter:

1. Warum fühle ich diese Verpflichtung? Wem möchte ich gefallen? Und warum brauche ich dessen Anerkennung?

- -

2. Was würde passieren, wenn ich es nicht täte? Mit anderen Worten: Ist es
   notwendig oder tue ich es nur, um Anerkennung von jemand anderem als
   mir selbst zu bekommen? Falls ja, ziehe in Betracht, es nicht zu tun.

- -

3. Wenn es eine notwendige Handlung ist, gibt es eine innere Motivation, sie
   zu tun? Kann diese innere Motivation mir helfen, mein Ziel auf eine Art und
   Weise zu erreichen, die Spaß macht?

- -

Fragen 1 und 2 helfen dir herauszufinden, ob du etwas wirklich tun *musst*. Falls
nicht, brauchst du keine Zeit auf diese Dinge zu verwenden. Falls doch, hilft
dir Frage 3, deinen »Muss-Satz« so umzuformulieren, dass sich die Handlung
anfühlt wie eine Wahl und nicht wie eine Pflicht (»... dann *möchte* ich zum
Teammeeting, um meine Meinung einzubringen und auf dem neusten Stand zu
sein«). Das wird dich energetisieren und motivieren, weil *du* entscheidest.

WEICH WERDEN

Fühlst du dich jetzt gerade gestresst (genervt, besorgt oder frustriert)? In dieser Übung sind die Gründe dafür nicht wichtig. Nutze die Intelligenz deines Körpers und löse den Stress ganz einfach im Körper auf. Dafür müssen wir ihn aber erst mal spüren, was ungewohnt sein kann. Stress macht sich immer irgendwo im Körper bemerkbar.

Nimm dir drei Minuten ungestört Zeit. Setze dich aufrecht und bequem hin, egal wo du gerade bist.

1. Nimm deinen Körper wahr: Spüre die Sitzknochen auf dem Stuhl und die Füße am Boden. Spüre deine Wirbelsäule vom untersten bis zum höchsten Punkt.
2. Nimm deinen Atem wahr, so wie er jetzt gerade ist. Spüre den Atem für drei Atemzüge durch deinen Körper strömen.
3. Jetzt wandere mit der Aufmerksamkeit durch die einzelnen Bereiche: Wo im Körper spürst du den Stress oder das unangenehme Gefühl am meisten?
4. Lasse dir Zeit. Spüre in den Bauchraum, in den Herzbereich, in die Schultern, den Kopf.
5. Wenn du den Stress an mehreren Stellen spürst, wähle eine aus. Wie fühlt es sich in diesem Bereich an? Gibt es eine Farbe, eine Form, ein Geräusch oder eine Bewegung, die die Empfindung gut ausdrückt?
6. Lasse das Gefühl zu, wie immer es ist. Erlaube, dass es da ist.
7. Nun schicke deine liebevolle Aufmerksamkeit in diesen Körperbereich. Lasse ihn weich werden. Atme Weichheit, Wärme, Entspannung in diesen Bereich hinein. Umsorge ihn wie ein kleines, zartes Vögelchen in deinen Händen, das aus dem Nest gefallen ist. Berühre ihn wie ein Kind, das du liebst.
8. Bleibe ein paar Atemzüge und sage diesem Körperbereich immer wieder »weich werden, entspannen, loslassen«.
9. Atme noch mal tief ein und aus und kehre dann in den Alltag zurück.
10. Was nimmst du mit? Suche ein Wort aus:

‒ ‒

MULTITASKING-TEST

Bei der Arbeit, auf der Straße und in der Familie sind wir oft mit mehreren Dingen gleichzeitig konfrontiert. Wir meinen, nicht nachzukommen, wenn wir nicht multitasken. Das Gegenteil ist wahr. Wir können schneller und effizienter Aufgaben bewältigen, wenn wir eines nach dem anderen machen. Überzeuge dich (und deine Vorgesetzten!) mit diesem einfachen Test:

1. Lege dir einen Stift, einen Zettel und eine Stoppuhr bereit. Nun schreibe den Satz MULTITASKING IST NICHT SO EFFIZIENT WIE WIR DENKEN, indem du den ersten Buchstaben schreibst und dann die Zahl 1 darunter, dann den zweiten und die Zahl 2 darunter und so weiter, Buchstabe, Zahl, Buchstabe, Zahl. Stoppe und notiere die Zeit, die du brauchst, bis der Satz steht. So beginnt es:

M	U	L	T	I	T	A	S	K	I	N	G
1	2	3	4	5	6	7	8	9	10	11	12

2. Jetzt schreibe den Satz auf und nummeriere *danach* Buchstabe für Buchstabe. Stoppe erneut die Zeit.

Wie viel Zeit hast du jeweils gebraucht? Für 1: _ _ _ _ _ Für 2: _ _ _ _ _

Nice to know!

DER MULTITASKING-MYTHOS

Unser Gehirn kann nicht mehrere Dinge gleichzeitig tun. In Wahrheit machen wir »Switchtasking«: Unser Gehirn wechselt von einer Tätigkeit zur anderen, so schnell, dass wir es nicht merken. Das Fokussieren auf eine Sache, sie dann beiseitezulegen und sich auf die andere Sache zu fokussieren kostet allerdings Zeit und mentale Anstrengung. Wir sind schneller erschöpft, weniger effizient und machen mehr Fehler. Es ist also durchaus sinnvoll, wann immer möglich eines nach dem anderen zu erledigen.

SINGE EIN LIED!

Bestimmt kennst du es, dass ein Lied dich unerwartet in eine gute Stimmung versetzen kann. Nehmen wir mal an, du sprichst mit jemandem, mit dem du Schwierigkeiten hattest, und stellst dir innerlich Zirkusmusik vor, während die Person auf dich zukommt, so kann es durchaus sein, dass du die Situation anders wahrnimmst. Vielleicht musst du sogar schmunzeln, weil du das Ganze plötzlich absurd findest.

» Froh zu sein bedarf es wenig ... «

Welches ist dein Stresslöselied?

_____

Singe es laut oder leise das nächste Mal, wenn du dich gestresst fühlst. Wann könnte das sein?

_____

_____

10-MINUTEN-MEDITATION

Mit dieser klassischen Meditation kannst du dich neu sammeln und bei dir ankommen, egal ob du auf Reisen, zu Hause oder bei der Arbeit bist. Millionen Menschen üben auf diese Weise, sich zu zentrieren. Wenn du sie regelmäßig machst, wird sie dir helfen, ruhiger und mitfühlender mit dir und anderen zu werden. Deine Gedanken werden zwischendurch abschweifen, das ist aber ganz normal. Wichtig ist es deshalb zu wissen, dass das »Zurückholen« der Aufmerksamkeit auch Meditieren ist und dass wir gerade daran üben, mitfühlender zu werden.

- Suche dir einen sicheren und ungestörten Ort und nimm eine bequeme, aufrechte Sitzhaltung ein.
- Überlege dir ein Wort, ein Bild, eine Zahl, eine Farbe oder einen Ton, der für dich eine positive oder neutrale Bedeutung hat, etwa »Frieden«, »Ruhe«, »hier«.
- Schließe die Augen.
- Atme ruhig ein und aus, aber erzwinge keinen bestimmten Rhythmus.
- Sage still zu dir selbst beim Ausatmen dein Wort oder stelle dir dein Bild oder Geräusch vor.
- Mache dies immer weiter für 10 oder 20 Minuten – stelle einen Timer.
- Lasse dich nicht irritieren von Gedanken, die auftauchen und dich ablenken. Kehre einfach immer wieder zum Atem und zum Fokus zurück, egal wie oft dies passiert.

Nice to know!

SO LASSEN SICH STRESSHORMONE ABBAUEN

Dies ist eine der am besten erforschten Meditationstechniken. Der Kardiologe Herbert Benson hat sie in amerikanischen Kliniken etabliert und herausgefunden, dass während des Meditierens Stresshormone außer Gefecht gesetzt werden, Botenstoffe das Erregungsniveau des Körpers herunterfahren, die Gefäße sich weiten und der Blutdruck gesenkt wird.

FREE HUGS

Im geschäftigen Treiben unseres Alltags, dem geflissentlichen Abarbeiten unserer To-do-Listen oder in der steten Vergegenwärtigung unserer Deadlines vergessen wir manchmal, was am besten gegen Stress wirkt und – wenn man der Wissenschaft Glauben schenken darf – anscheinend eher ausschlaggebend für unsere Gesundheit ist als hohe Cholesterinwerte, zu viel Rotwein oder Süßigkeiten: nämlich soziale Kontakte.

Das heißt: Auch wenn du gestresst bist und eigentlich tausend Dinge tun müsstest, sage das Treffen mit deinem Freund nicht ab! Gehe mit anderen mittags in die Kantine oder hole dir eine Umarmung ab. Manche Menschen verteilen sie kostenlos in der Fußgängerzone. Wenn du die aber nicht erst finden willst, überlege doch mal, wer dir vielleicht eine Umarmung, einen »free hug«, geben könnte.

Free Hug von:

— — — — — — — — — — — — — — — —

Meine längste Umarmung im letzten Jahr:

— — — — — — — — — — — — — — — —

Meine schönste Umarmung im letzten Jahr:

— — — — — — — — — — — — — — — —

Wen ich selber unbedingt bald umarmen will:

— — — — — — — — — — — — — — — —

P.S.: Falls du noch mehr gute Argumente brauchst: Streicheleinheiten fördern erwiesenermaßen das Immunsystem!

ZWEITE HAUT

Manchmal ist alles zu viel. Wir fühlen uns ausgebrannt oder dünnhäutig. Die Welt kommt uns dann oft hart und brutal vor.

Es ist okay, sich so zu fühlen. Das Leben kann hart und brutal sein und manche Menschen sind sensibler als andere. Was dann helfen könnte, ist eine »zweite Haut«:

Suche dir ein ungestörtes Fleckchen oder, falls du zum Beispiel in der U-Bahn sitzt, ziehe dich innerlich zurück und stelle das Handy aus.

- Atme tief ein und aus.
- Lasse dir Zeit, mehr und mehr in deinen Atem zu finden.
- Nimm den inneren Raum wahr, in den du hineinatmest.
- Lasse diesen Raum mit jedem Atemzug ein wenig mehr expandieren.
- Atme bis in die Krone deines Kopfes und bis unter deine Rippen. Atme zu den Sitzknochen und dem Steißbein und zu den Füßen hin.
- Atme jetzt bis unter deine Haut. Spüre die Haut, die deinen ganzen Körper umschließt.
- Nun stelle dir vor, um deine Haut herum befindet sich eine zweite Haut. Du kannst sie frei gestalten, wie sie für dich gut ist.
- Sie ist wie eine wunderbare, angenehme Schutzhülle, die dein ganzes Wesen umhüllt. Sie fühlt sich gut an. Spüre deine zweite Haut.
- Wie ist deine zweite Haut beschaffen? Welche Farbe hat sie? Aus welchem Material ist sie? Wie fühlt sie sich an, von außen und von innen?
- Und dann gehe mit deiner Aufmerksamkeit noch mal in den Körper. Wie fühlst du dich innen drinnen, mit deiner zweiten Haut um dich herum?
- Genieße noch für ein paar Atemzüge das angenehme Gefühl und kehre dann wieder zurück.

Jetzt, wo du eine zweite Haut hast, was ist dir da möglich?

Rufe dir diesen mentalen Anker ins Gedächtnis, wann immer du ihn brauchst.

MEIN ANTI-STRESS-PLAN

Suche eine Stresslösetechnik aus diesem Buch aus, die du die nächsten drei Tage mindestens einmal am Tag anwendest. Schaue nach drei Tagen, wie die Technik für dich funktioniert, ob du sie modifizieren oder eine andere auswählen willst.

Meine Stresslösetechnik:

_____

Ich übe sie zu folgendem Zeitpunkt:

_____

Stufen des Wachstums
Damit wir neue Verhaltensweisen festigen können, braucht es drei Schritte:

1. Wahrnehmen, was uns fehlt – Erkenntnis: »Ich reagiere mit Stress, wenn ...«

2. Entscheiden, etwas zu verändern – Entscheidung: »Wenn ich wahrnehme, dass ich einsilbig und kurzatmig werde, mache ich eine Entspannungsübung«.

3. Das neue Verhalten einüben, bis es automatisch wird– Anwendung: beispielsweise täglich drei Minuten Wechselatmung.

MEINE ANTI-STRESS-ERINNERUNG

Schreibe dir auf ein Post-it eine Anti-Stress-Erinnerung und klebe sie an deinen Computer, den Kühlschrank, den Spiegel, die Wohnungstür ….
Hier ein paar Ideen zur Inspiration – oder du nimmst deinen eigenen Satz.

- Ich frage nach Hilfe, wenn ich welche brauche.
- Ich lasse mir Zeit, bevor ich auf etwas antworte. Mindestens einen Atemzug lang.
- Wenn ich merke, dass Stress oder Ärger aufkommt, weil etwas nicht fertig wird oder es nicht so ist, wie ich es mir gewünscht habe, frage ich mich: »Ist dies in einem Jahr noch wichtig?«
- Wenn mein Körper im Stressmodus auf Autopilot geht und ich nicht mehr weiß, wo mir der Kopf steht, mache ich am besten eine Stresslösetechnik und frage mich: »Was ist das Wichtigste jetzt in diesem Moment?«
- Ich atme an jeder roten Ampel langsam und tief ein, langsam und tief aus. Bei jedem Telefonklingeln atme ich erst ein und aus.
- Ich bin bereit zu sagen: »Ich weiß es nicht.«
- Ich erinnere mich daran: Die Einzigen, die mit allem fertig sind, sind die Toten.

Mein Erinnerungssatz:

- -

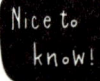

ALLES BRAUCHT SEINE ZEIT

Auch wenn es oft behauptet wird: Ein Verhalten zu verändern dauert meist *mehr* als 21 Tage, eher zwei bis acht Monate, bis es automatisiert ist. Aber die positiven Effekte spürst du natürlich schon vorher. Wichtig ist, dass du dir *eine* konkrete Verhaltensweise oder *eine* konkrete Technik für *diese* Woche oder *diesen* Monat aussuchst und konsequent übst, zum Beispiel jeden Abend vor dem Schlafengehen. Dabei hat sich gezeigt, dass es hilfreich ist, kurz, aber dafür konsequent zu üben, also lieber jeden Tag fünf Minuten anstatt alle vier Tage fünfzehn Minuten.

76

MEHR ENTSPANNUNG IM ALLTAG

Hier noch ein paar Anregungen und Ideen, wie du Entschleunigung in deinen Alltag bringen kannst:

- Mache Mittagsschläfchen.
- Gehe ohne Uhr im Park spazieren.
- Gehe 10 Minuten früher los als geplant und genieße den Weg.
- Lege dich auf die Couch und tue nichts.
- Gib dir Luft: Vereinbare mit jemandem ein Treffen zwischen 13 und 13.30 Uhr statt zu einer punktgenauen Uhrzeit.
- Nimm dein Mittagessen woanders als am Arbeitsplatz ein.
- Plane einen Pyjamatag, an dem du nur machst, worauf du Lust hast: in der Wanne im Schaum verschwinden, lesen, Musik hören. Lasse den Anrufbeantworter deine Anrufe entgegennehmen.
- Verbringe Zeit mit einem Tier. Falls du selber keines hast, besuche Freunde, die einen Hund oder eine Katze haben, oder gehe in einen Streichelzoo.
- Schaue so oft du kannst in den Himmel. Das geht auch in der Stadt.

Was sind deine Ideen und Strategien für Ruhe und Entschleunigung im Alltag?

ZUM SCHLUSS

Herzlichen Glückwunsch, du hast dich durch einiges hindurchgearbeitet, um Stress zu verwandeln, und du hast ganz unterschiedliche Methoden für unterschiedliche Zwecke kennengelernt. Vielleicht hast du eine Lieblingstechnik, die bei dir besonders gut funktioniert hat? Meistens ist das so, denn wir ticken ja alle ein bisschen anders. Bei dem einen funktionieren visuelle Methoden besser, der andere kann besser spüren ... Wenn du dir unsicher bist, welche Technik wann gut einzusetzen ist, oder wenn du eine konkrete schwierige Situation lösen musst, kannst du einfach auf Seite 4 zum »Quickfinder« zurückkehren. Was die körperlichen Übungen betrifft, heißt es: Üben, sodass du sie aus dem Effeff beherrschst und in Stresssituationen direkt anwenden kannst. Ermögliche dir dafür kleine Auszeiten zwischendurch oder vor dem Schlafengehen als persönliches Geschenk an dich selbst. Du bist deine größte Ressource. Pflege und genieße sie!

Viel Freude dabei wünscht dir

ÜBER DIE AUTORIN

Imke Wangerin ist Trainerin, Coach und Yogalehrerin seit 2007. Sie lebt in Berlin und gibt Workshops zu Stressmanagement und Interkultureller Kommunikation in Firmen in Deutschland und Europa. Als Coach hilft sie Menschen, Potenziale und Ressourcen zu finden und körperlich zu verankern. www.kongruenz.net

Mehr zum Thema
- Blair, Linda: *The key to calm*. Yellow Kite
- Kabat-Zinn, Jon: *Stressbewältigung durch die Praxis der Achtsamkeit*. Arbor Verlag
- Katie, Byron; Mitchell, Stephen: *Lieben was ist. Wie vier Fragen ihr Leben verändern können* (die Methode »The Work«). Arkana Verlag
- Marx, Susanne: *Klopfen befreit. EFT klar und verständlich*. VAK Verlag
- McGonigal, Kelly: *Wie man Stress zu seinem Freund machen kann*. TED Talk (Video)
- Servan-Schreiber, David: *Die Neue Medizin der Emotionen. Stress, Angst, Depression: Gesund werden ohne Medikamente*. Goldmann Verlag
- Weintraub, Amy: *Yogaskills for Therapists*. W. W. Norton & Company

ÜBUNGSREGISTER

IMPRESSUM

© 2018 GRÄFE UND UNZER VERLAG GmbH, München
Alle Rechte vorbehalten. Nachdruck, auch auszugswei-
se, sowie Verbreitung durch Bild, Funk, Fernsehen und
Internet, durch fotomechanische Wiedergabe, Tonträ-
ger und Datenverarbeitungssysteme jeder Art nur mit
schriftlicher Genehmigung des Verlages.

Projektleitung: Alexandra Bauer (textwerk, München)
Lektorat: Daniela Weise
Layout & Umschlaggestaltung:
independent Medien-Design
GmbH, Horst Moser, München
Herstellung: Renate Hutt
Satz: L42 AG, Berlin
Reproduktion: medienprinzen GmbH, München
Druck und Bindung: F&W Druck- und Mediencenter,
Kienberg
ISBN 978-3-8338-6610-4
1. Auflage 2018
Die GU-Homepage finden Sie unter www.gu.de

Bildnachweis

Illustrationen: www.pfau-illustrationen.de
Syndication: www.seasons.agency

Wichtiger Hinweis

Die Gedanken, Methoden und Anregungen in diesem
Buch stellen die Meinung bzw. Erfahrung der Verfas-
serin dar. Sie wurden von der Autorin nach bestem
Wissen erstellt und mit größtmöglicher Sorgfalt
geprüft. Sie bieten jedoch keinen Ersatz für persönlichen kompetenten Rat. Jede Leserin, jeder Leser ist
für das eigene Tun und Lassen auch weiterhin selbst
verantwortlich. Weder Autorin noch Verlag können für
eventuelle Nachteile oder Schäden, die aus den im
Buch gegebenen praktischen Hinweisen resultieren,
eine Haftung übernehmen.

LIEBE LESERINNEN UND LESER,
wir wollen Ihnen mit diesem Buch Informationen und
Anregungen geben, um Ihnen das Leben zu erleich-
tern oder Sie zu inspirieren, Neues auszuprobieren.
Wir achten bei der Erstellung unserer Bücher auf
Aktualität und stellen höchste Ansprüche an Inhalt und
Gestaltung. Alle Anleitungen und Rezepte werden von
unseren Autoren, jeweils Experten auf ihren Gebieten,
gewissenhaft erstellt und von unseren Redakteuren/
innen mit größter Sorgfalt ausgewählt und geprüft.
Haben wir Ihre Erwartungen erfüllt? Sind Sie mit diesem Buch und seinen Inhalten zufrieden? Haben Sie
weitere Fragen zu diesem Thema? Wir freuen uns auf
Ihre Rückmeldung, auf Lob, Kritik und Anregungen,
damit wir für Sie immer besser werden können. Und
wir freuen uns, wenn Sie diesen Titel weiterempfehlen,
in Ihrem Freundeskreis oder bei Ihrem online-Kauf.
Sollten wir Ihre Erwartungen sogar nicht erfüllt
haben, tauschen wir Ihnen Ihr Buch jederzeit gegen
ein gleichwertiges zum gleichen oder ähnlichen
Thema um.

KONTAKT
GRÄFE UND UNZER VERLAG
Leserservice
Postfach 86 03 13
81630 München
E-Mail: leserservice@graefe-und-unzer.de
Telefon: 00800 / 72 37 33 33*
Telefax: 00800 / 50 12 05 44*
Mo–Do: 9.00–17.00 Uhr
Fr: 9.00–16.00 Uhr (*gebührenfrei in D,A,CH)

 www.facebook.com/gu.verlag

GRÄFE UND UNZER

Ein Unternehmen der
GANSKE VERLAGSGRUPPE